Kompass Wegweiser

Auf Tour mit Kompass und Karte

und anderen Hilfsmitteln zur Orientierung

Dargestellt von Manfred Feller

Deutscher Wanderverlag
Dr. Mair & Schnabel & Co. · Stuttgart

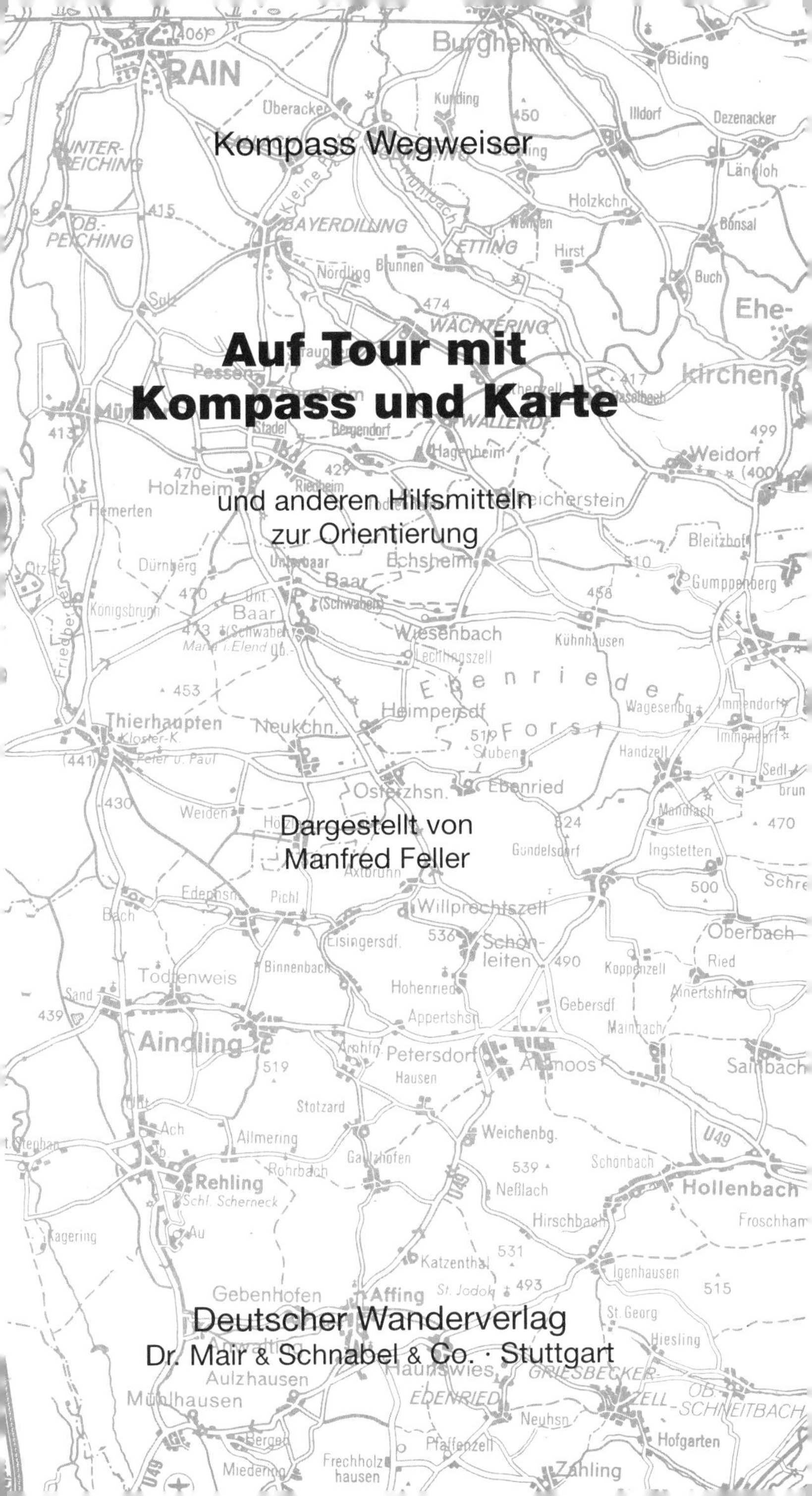

Umschlagbild:
Kompass und Karte
(*Foto:* Frank Thiel)

7., überarbeitete Auflage, 2003

ISBN 3-8134-0200-2

Gutenbergstraße 13, D-73760 Ostfildern (Kemnat)
E-mail: kompass@deutscher-wanderverlag.de
www.deutscher-wanderverlag.de

Satz: Fotosatz-Team, D-70771 Leinfelden-Echterdingen
Druck: Roth Offset, D-73277 Owen/Teck
Printed in Germany

Gedruckt auf 100% chlorfrei gebleichtes Papier

Inhaltsverzeichnis

1 Wandern mit Karte und Kompaß

Wandern mit Karte und Kompaß ist etwas für den Individualisten, Orientierungswettkämpfer, Pfadfinder aber auch etwas für den Sonntagswanderer. Alles in allem hat es etwas mit Abenteuer und Erkunden unbekannter Pfade zu tun. Denn wer die Wege kennt, der braucht weder Karte noch Kompaß. Verläuft dann eine selbst geplante und durchgeführte Wanderung zur Zufriedenheit, so wird sie zu einem bleibenden Erlebnis. Auch das Selbstbewußtsein wird gestärkt.

Wer meint, einsame Wege sind nur noch fernab von Deutschland zu finden, irrt sehr. Auch in Deutschland gibt es viele von dem Massentourismus unberührte Gebiete. Stundenlang, ohne einen Menschen zu treffen, können wir in unserer Heimat durch eine reizvolle Landschaft wandern. Allerdings bedarf solches Wandern einer umfassenden Vorbereitung und neben einer guten Karte auch einiger Grundkenntnisse der Karten- und Kompaßkunde. Aus der Karte gilt es zu erkennen, wo der Weg eben, wo er bergauf oder bergab verläuft, wo er durch Wald oder durch die freie Landschaft führt, wo ein Bach oder die Eisenbahn zu überqueren ist. Auch die Länge des Wanderweges ist von Bedeutung. Gehen wir schließlich von der Karte in die Landschaft, so merken wir bald, daß alles anders aussieht. Es ist schon etwas Übung notwendig, um sich aus dem Studium der Karte die Landschaft vorstellen zu können.

Aber das ist nur ein Teil, wir wollen ja auch am Ziel ankommen. Jetzt muß der Kompaß seine Arbeit leisten. Alleine bringt er uns – abgesehen von dem GPS-Empfänger – aber auch nicht an das Ziel. Wir müssen ihn richtig bedienen können. Meistern wir den Kompaß, so wird er uns in die richtige Richtung weisen. Im Gebirge, bei Nebel oder in fernen Ländern kann er zum Lebensretter werden.

2 Die Karte

2.1 Kartenarten

Für den Wanderer, der das Wandern nach der Karte praktizieren möchte, eignen sich sowohl die amtlichen topographischen Karten als auch die Wanderkarten. Jede Art besitzt ihre Vor- und Nachteile. Während auf den topographischen Karten (Kurzbezeichnung TK) alles exakt dargestellt ist, fehlen auf ihnen die touristischen Angaben wie Aussichtspunkte, Zeltplätze, Wanderwege usw. Dagegen mangelt es den Wanderkarten, die auch meist nur für touristisch interessante Gebiete herausgegeben werden, oft an der Genauigkeit.

2.2 Die Topographische Karte (TK)

Grundlage des amtlichen deutschen Kartensystems ist die von den Landesvermessungsämtern herausgegebene topographische Karte 1:25000 mit der Kurzbezeichnung TK 25. Jedes Blatt der TK 25, umfaßt ein Gebiet mit einer konstanten Breite von 10 Winkelminuten und eine Höhe von 6 Winkelminuten (in Deutschland etwa 11,9 km x 11,1 km). Eine Überlappung mit Nachbarkarten gibt es nicht.

Daneben existieren die ebenfalls von den Landesvermessungsämtern für Wandergebiete erstellten Umgebungskarten mit der Bezeichnung UG. Wegen ihren fehlenden Koordinatenangaben besitzen sie für uns nur eine bedingte Bedeutung.

● Kartennumerierung

Zur Unterscheidung ist jedes Kartenblatt der TK 25 (1:25 000) mit einer vierstelligen Nummer versehen. Die beiden ersten Ziffern steigen von Nord nach Süd und die beiden letzten, von West nach Ost.

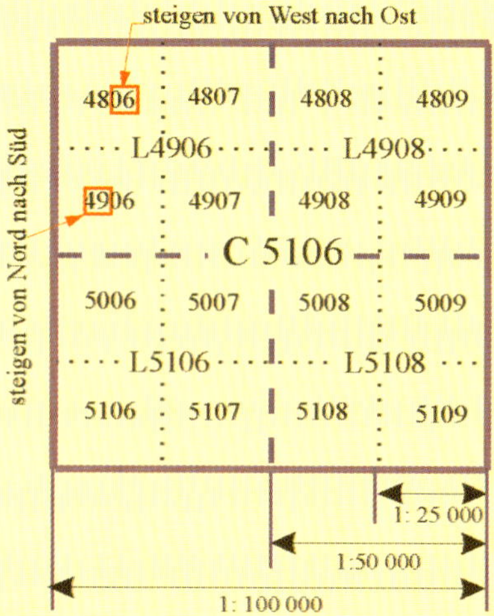

Abbildung 1 Das amtliche deutsche Kartenwerk.

Vier TK 25 bilden ein Kartenblatt TK 50 (1:50 000). Dieses erhält die Nummer der südwestlichen TK 25 (Abbildung 1) und den Zusatz L (römische Zahl für 50). Vier TK 50 werden wiederum zu einem Kartenblatt TK 100 mit dem Zusatz C (römische Zahl für 100) zusammengefaßt.
Beispielsweise (Abb. 1) werden die vier TK 25 4806, 4807, 4906 und 4907 zu der TK 50 mit der Bezeichnung L4906 (linke untere

Karte) zusammengefaßt. Die vier TK 50 Karten L4906, L4908, L5106 und L5108 werden zu der TK 100 (1:100000) mit der Bezeichnung C5106 (linke untere Ecke zusammengefaßt).

Tabelle 1 Das amtliche deutsche Kartenwerk

Kurzbezeichnung	TK 25	TK 50	TK 100
Maßstab	1:25 000	1:50 000	1:100 000
Kennbuchstabe	–	L	C
Beispiel	4902	L4902	C5102
1 km im Gelände =	4 cm auf der Karte	2 cm auf der Karte	1 cm auf der Karte
alte Bezeichnung	Meßtischblatt	Deutsche Karte	Generalstabs-karte

2.3 Kartenmaßstab

Verständlicherweise muß auf der Karte die Landschaft verkleinert dargestellt werden. Der Faktor, der das Verkleinerungsverhältnis zwischen der Natur und der Karte angibt, ist der »Kartenmaßstab«.

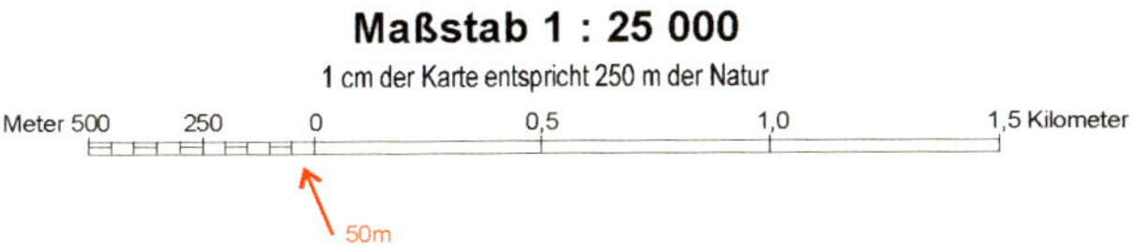

Abbildung 2 Kartenmaßstabangabe auf der TK25

● Kartenmaßstab

Der Kartenmaßstab ist das Verhältnis einer Strecke auf der Karte zu ihrer entsprechenden Strecke in der Natur. Z. B. bedeutet 1:50000, daß 1 cm auf der Karte 50 000 cm bzw. 500 m in der Natur gleichen.

Für einen Einsteiger ist es zunächst verwirrend, daß eine kleine Zahl nach dem Doppelpunkt die Landschaft größer abbildet. Wir sollten uns deshalb merken, daß sich der Doppelpunkt auch durch einen Bruchstrich ersetzen läßt. Weil 1/25000 größer als 1/50000 ist, muß auch die Kartendarstellung größer sein.

Tabelle 2 Streckenvergleich zwischen Karte und Landschaft

	Maßstab		
	1:25000	1:50000	1:100000
1 cm auf der Karte entspricht im Gelände	250 m	500 m	1 km
1 km im Gelände entspricht auf der Karte	4 cm	2 cm	1 cm

Bei einem Übergang zu einem kleineren Maßstab, wie von 1:25 000 auf 1:50 000 kommt es neben einer Verkleinerung auch zu einer Vereinfachung (Generalisierung). Ein gewundener Weg wird gerade, ein Gebäudekomplex wird zu einem Block. Auch müssen manche Objekte wie Straßen und Eisenbahnen, um sie überhaupt noch zu erkennen, in einer übertriebenen Breite dargestellt werden.

● **Klein- und großmaßstäbliche Karten**

Kleinmaßstäbliche Karten z. B. 1:100 000, sind Karten mit einem Maßstab, dessen Wert groß, die Detailwiedergabe aber gering ist. *Großmaßstäbliche Karten* z. B. 1: 5 000, sind Karten mit einem Maßstab, dessen Wert klein, die Detailwiedergabe aber groß ist.

Soweit so gut. Wie aber berechne ich aus meiner auf der Karte gemessenen Strecke die Geländestrecke. Problemlos geht es, wenn wir uns, das in der Abbildung 3 dargestellte NKM-Dreieck (**N**atur, **K**arte, **M**aßstab) merken.

Beispiel 1 Maßstabberechnung

Auf einer 1:25 000 Karte wurde bis zur nächsten Bahnstation eine Strecke von 6 cm gemessen. Wie lang ist der Wanderweg?

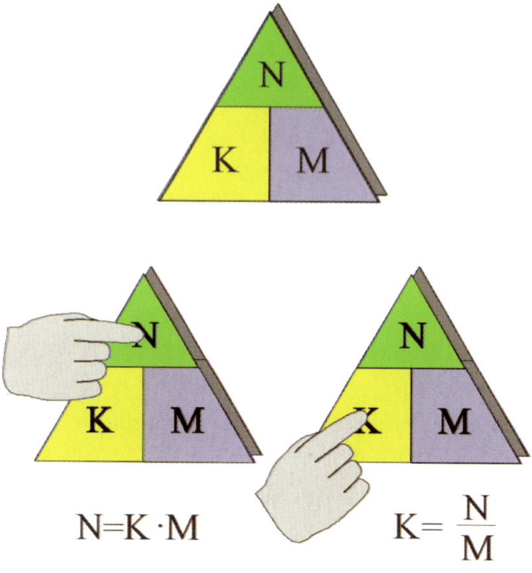

In dem Dreieck (Abbildung 3) decken wir die zu bestimmende Größe also N (Natur) ab. Übrig bleibt K · M . Es gilt N=K · M. Daraus berechnet sich eine Strecke von 6 · 25 000 = 150 000 cm, dieses entspricht 150 000/100 = 1500 m oder 1,5 km.

Abbildung 3 Das NKM-Dreieck zur Maßstabberechnung

Beispiel 2 Maßstabberechnung
Mit unserem Schrittzähler haben wir in der Natur eine Entfernung von 2 km gezählt. Zur Standortbestimmung soll für einen Kartenmaßstab von 1:50 000 die Kartenstrecke berechnet werden.

Diesmal gilt es die Kartenstrecke zu bestimmen, deshalb ist K abzudecken. Offen bleibt N/M, also K=N/M. Wir dividieren 2 km, bzw. 2000 m, bzw. 2000 · 100 = 200000 cm durch 50000 also 200000/50000 = 4 cm.

2.4 Tips zur Kartenpflege

Wenn auch die Karte ein Verschleißartikel ist, so sollten wir sie doch pflegen. Eine zerrissene oder an den Bruchlinien unkenntliche Karte wird wenig nützen.

Günstig ist das Lackieren oder Beziehen der Karte mit einer selbstklebenden Folie. Eine lackierte Karte läßt sich leichter handhaben, besitzt aber nicht die Festigkeit einer überzogenen Karte. Zum Lackieren eignen sich am besten Acryllacke in Spraydosen. Das Aufziehen einer selbstklebenden Folie erfordert schon etwas mehr Erfahrung. Auf jeden Fall sollte man zunächst an anderen Objekten üben und nicht gleich mit der Karte beginnen.

Ratsam ist auch die Verwendung einer Kartentasche. Bei dem Kauf ist darauf zu achten, daß diese – wegen der Gefahr einer Magnetnadelablenkung – keine Metallteile besitzt. Da stets zwei Segmente der gefalteten TK sichtbar sein sollten, darf die Größe der Kartentasche in keinem Fall unter 24 x 24 cm liegen. Eine zu große Kartentasche wiederum ist hinderlich. Überflüssig, wenn nicht sogar störend wirkt ein Gitternetz auf dem Sichtfenster. Bewährt hat sich dagegen eine auf dem Sichtfenster angebrachte durchsichtige Kompaßtasche.

Tip 1 Kartentasche
In die Kartentasche wird die Karte so eingesteckt, daß die Hauptwanderrichtung nach unten zeigt.

2.5 Worauf ist bei dem Kauf einer Karte zu achten?

Für den Wanderer ist die Karte ein unentbehrliches Hilfsmittel. Nur exakte Karten werden uns sicher zum Ziel bringen. Also, lieber bei der Kartenauswahl etwas mehr Zeit investieren. Ratsam ist die Anschaffung einer von den Landesvermessungsämtern herausgegebenen und über den Buchhandel zu beziehende Topographische Karte (TK). Von Schwarz-Weiß-Karten ist abzuraten. Auf ihnen läßt sich schnell ein Bach oder eine Höhenlinie mit einem Weg verwechseln. Wünschenswert ist ein eingezeichnetes Kartennetz. Fehlt es, so sollten im Rahmenfeld entweder die geographischen oder die Gauß-Krüger-Koordinaten bzw. beide angeführt sein. Wandern wir mit einem GPS-Empfänger, so muß die Karte das geographische Gitternetz besitzen.

Ob wir uns eine 1:25 000 oder 1:50 000 Karte zulegen, hängt von der vorgesehenen Anwendung ab. So reicht beim Radwandern eine 1:50 000 Karte, wandern wir in ein unbekanntes Gebiet, kommt eigentlich nur eine 1:25 000 (TK25) in Betracht.

3 Gradnetz, Kartengitter und Mißweisung

3.1 Wozu soll das gut sein?

Es stimmt schon; eigentlich könnte ein Wanderer, der nur mit Wanderkarte und Kompaß wandert, dieses Kapitel überspringen. Anders sieht es schon bei dem Benutzen eines GPS-Empfängers aus. Ohne gewisse Grundkenntnisse legt er bald den Empfänger als untauglich in den Schrank.

Aber alles in allem, etwas Theorie schadet keinem. Nur wenn wir uns unter dem Gradnetz und dem Kartengitter etwas vorstellen können – und weiter soll es auch nichts sein – können wir uns vor einem falschen Gebrauch von Karte und Kompaß schützen und die Angaben auf der topographischen Karte voll ausschöpfen. Also, doch nicht das Kapitel überspringen. Beginnen wir gleich. Zur genauen Festlegung eines Ortes auf dem Globus oder der Karte ist ein Koordinatennetz mit zwei Koordinaten erforderlich. Wie wir noch aus der Schule wissen, sind es auf der Erde oder dem Globus die Koordinaten geographische Breite und geographische Länge.

3.2 Das geographische Gradnetz

Aufgrund der annähernden Kugelgestalt der Erde sind die geographischen Koordinaten Kreislinien, die als Längenkreise (auch als Meridiane bezeichnet) durch die beiden Pole oder als Breitenkreise parallel zum Äquator verlaufen. Gezählt werden die Längen- und Breitenkreise in Winkelgraden (°). Diese werden dann wie bei der Uhr in 60 Winkelminuten (') und diese wiederum in 60 Winkelsekunden ('') unterteilt. Bei den Längenkreisen beginnt die Zählung mit dem, durch die ehemalige Sternwarte von Greenwich (England) verlaufenden 0-Längenkreis (0-Meridian). Von dort wird sowohl nach dem Osten, als auch nach dem Westen bis zum 180. Längenkreis weitergezählt. Jeder Wert bis 179 taucht damit zweimal auf. Zur Unterscheidung erhalten die östlichen Längenkreise den Zusatz ö.L. (östlicher Länge) und die westlichen den Zusatz w.L. (westlicher Länge). Analog verfährt man bei den Breitenkreisen. Mit dem Unterschied, daß diesmal bis zum jeweiligen Pol, 90 Breitenkreise gezählt werden.

Die Zählung beginnt hier am Äquator mit dem 0. Breitenkreis. Nördlich des Äquators erhalten sie den Zusatz n. Br. (nördlicher Breite) und die südlich davon den Zusatz s. Br. (südlicher Breite).

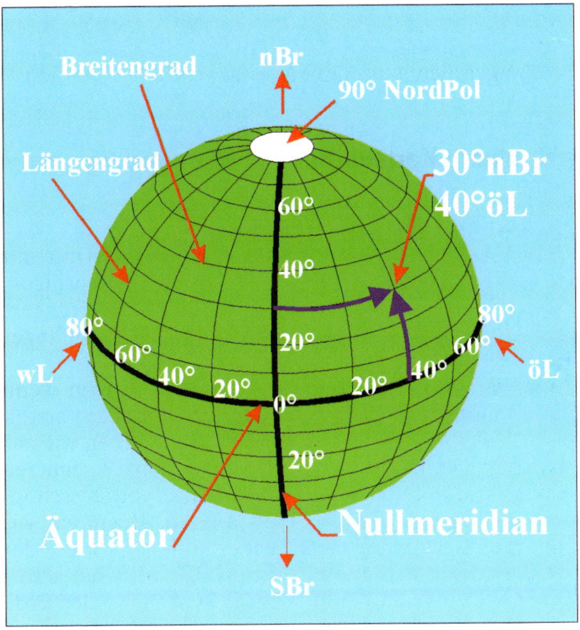

Abbildung 4 Das geographische Gradnetz der Erde

3.3 Das geodätische UTM-Gitter

Wer sich noch nicht näher mit der Kartendarstellung befaßt hat, wird zunächst kaum etwas mit den Begriffen »UTM-Gitter«, »Ostwert« und »Nordwert« anfangen können. Spätestens jetzt wird die Frage auftauchen: Warum benötigen wir neben dem geographischen Gitter noch ein geodätisches Gitter.

Das Problem liegt in der Darstellung der gewölbten Erde auf einer ebenen Karte. Falls Sie schon einmal versucht haben, eine dreidimensionale Kugel in einen zweidimensionalen Bogen Papier zu wickeln, werden Sie verstehen, daß dieses gar nicht so einfach ist. Es gibt immer irgendwo eine Verzerrung. Eine 100% Transformation ist demnach nicht möglich. Immer sind Zugeständnisse zu machen. So gibt es eine winkeltreue, längentreue, flächentreue und richtungstreue Transformation. Der große Vorteil einer winkeltreuen Anpassung z.B. UTM-Gitter besteht darin, daß nun direkt mit Kilometern und Metern gerechnet werden kann.

Der Grundgedanke des UTM-Gitters beruht auf der Aufgliederung der Erdoberfläche – wie bei der Apfelsine – in 6° schmale Meridianstreifen (Zonen). Die Mittelmeridiane liegen bei 3°, 9°, 15° usw. östlicher bzw. westlicher Länge. Sie erhalten von West nach Ost, beginnend bei Meridian 177° westlicher Länge, eine fortlaufende Zonennummer.

Mittelmeridian = Zonennummer • 6-183

Jeweils 8° Grad breite Breitenkreise (Bänder) werden von 80° südlicher Breite, angefangen mit dem Buchstaben C, bis 84° nördliche Breite (Buchstabe X) entsprechend dem ABC gekennzeichnet. Zur Vermeidung von Verwechslungen entfallen die Buchstaben O und I.

Die 6° breiten Zonenstreifen und die 8° breiten Bänder bilden jeweils ein Zonenfeld. Bei der Bezeichnung wird zuerst die Zone und dann das Band benannt z.B. 33U. Deutschland liegt überwiegend im Zonenfeld 32U und 33U.

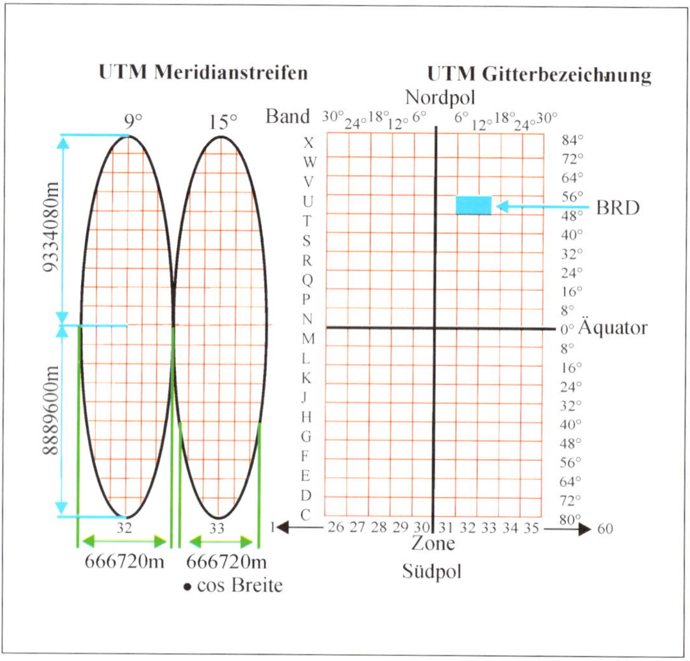

Abbildung 5 Das UTM-Gitter

Zur Kennzeichnung eines Ortes eignen sich die Felder nicht und so werden die Abstände vom Mittelmeridian bzw. Äquator je nach der gewünschten Genauigkeit als mehrstellige Zahl angegeben. Im UTM-System wird der horizontale Wert als Ostwert bezeichnet. Der Ostwert gibt den horizontalen Abstand in Metern vom jeweiligen Mittelmeridian an. Die östlichen Abstände werden addiert und die westlichen subtrahiert. Zur Vermeidung von negativen Werten zählt man schließlich zu jedem Wert noch 500 000 Meter dazu.

Tip 2 Ostwert
Die Ziffern geben den Abstand vom Mittelmeridian in Meter an. Ist der Wert kleiner als 500 000, liegt der Ort westlich vom Mittelmeridian. Ist er größer als 500 000, liegt der Ort östlich vom Mittelmeridian. Beträgt der Wert genau 500 000, so liegt der Ort auf dem Mittelmeridian.

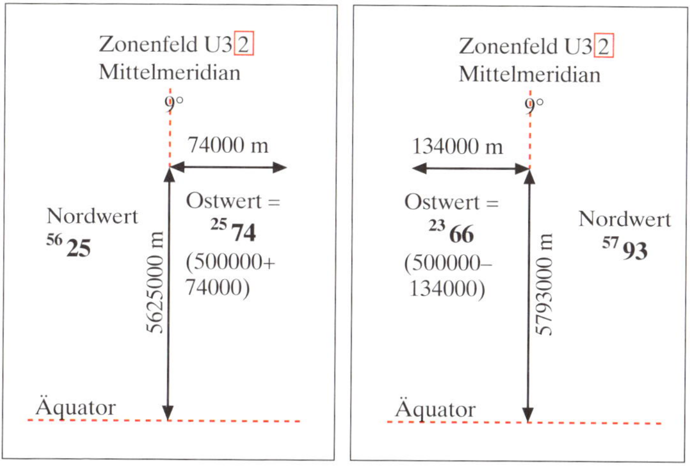

Abbildung 6 Beispiele für Ost- und Nordwerte

Etwas einfacher ist es bei den senkrechten Werten. Bei diesem, als Nordwert bezeichneten Wert, wird die direkte Entfernung vom Äquator in Metern angegeben. Auch hier addiert man zur Vermeidung von negativen Werten bei den südlichen Werten 10 000 000 m hinzu.

Tip 3 Nordwert
Die Ziffern geben die nördliche oder südliche Entfernung vom Äquator an. Liegt die Bandbezeichnung zwischen C und M, befindet sich der Ort südlich vom Äquator. Liegen sie zwischen N und X, dann nördlich vom Äquator. Entfällt die Bandbezeichnung, ist immer anzugeben, ob der Ort nördlich (N) oder südlich (S) des Äquators liegt.

Beispiel 3 UTM-Koordinaten
Für die Lage eines Ortes im UTM-System gelten die Koordinaten für den Nordwert ^{56}25 und für den Ostwert ^{25}74 mit dem Zonenband U32. Der Ort liegt damit 5 625 000 m nördlich des Äquators und 74 000 m (574 000–500 000) östlich des Mittelmeridians von 9° (32•6-183) (die 2 bezieht sich auf die letzte Stelle des Zonenbandes).

Beispiel 4 UTM-Koordinaten
Für die Lage eines Ortes im UTM-System gelten die Koordinaten für den Nordwert ^{56}93 und für den Ostwert ^{23}66 mit dem Zonenband U32. Der Ort liegt damit 5 793 000 m nördlich des Äquators und 134 000 m (500 000–366 000) westlich des Mittelmeridians von 9° (32•6-183).

Kartendatum

Das Kartendatum (geodätisches Datum) hat nichts mit einem Datum zu tun, es bezieht sich auf das Bezugssystem (Ellipsoidsystem) der jeweiligen Karte. Gebräuchlich war bisher in Deutschland das »Potsdam Datum« (PD), später das »Europäische Datum« (ED50) in Zukunft wird es durch das WGS84 ersetzt. Bei einer Wanderung mit dem Kompaß ist es ohne Bedeutung. Wichtig ist das Kartendatum bei der Benutzung des GPS-Empfängers.

Entnehmen wir beispielsweise einer Karte mit dem Potsdam Datum die Zielkoordinaten und benutzen, weil es sich nicht im GPS-Empfänger einstellen läßt, dafür das WGS84 Datum, so suchen wir das falsch eingegebene Ziel 200 Meter nördlich des tatsächlichen Ziels.

Benutzen wir zum Wandern nicht die neusten Karten, so beziehen sich die Koordinaten höchstwahrscheinlich auf ein lokales Kartendatum, in Deutschland auf das Potsdam Datum.

3.4 Das Gauß-Krüger-Gitter

In der Vergangenheit war es in Deutschland das gebräuchlichste geodätische Gitter. Durch die allgemeine Umstellung der Karten auf das international verbreitete UTM-Gitter verlor es seine Bedeutung. Das Gauß-Krüger-Gitter benutzt 3° schmalen Meridianstreifen. Angefangen beim ersten Hauptmeridian 3° wird fortlaufend numeriert. Der Hauptmeridian 3° erhält die Kennziffer 1, der 6° die Nummer 2 usw. Die weiteren Ziffern geben den Abstand vom Hauptmeridian in Metern bzw. Kilometern an. Bei den Breitenangaben wird wie im UTM-System die direkte Entfernung vom Äquator geschrieben. Infolge des Gebrauchs unterschiedlicher Berechnungsellipsoide sind im Gebiet der BRD das UTM- und das Gauß-Krüger-System nicht kompatibel.

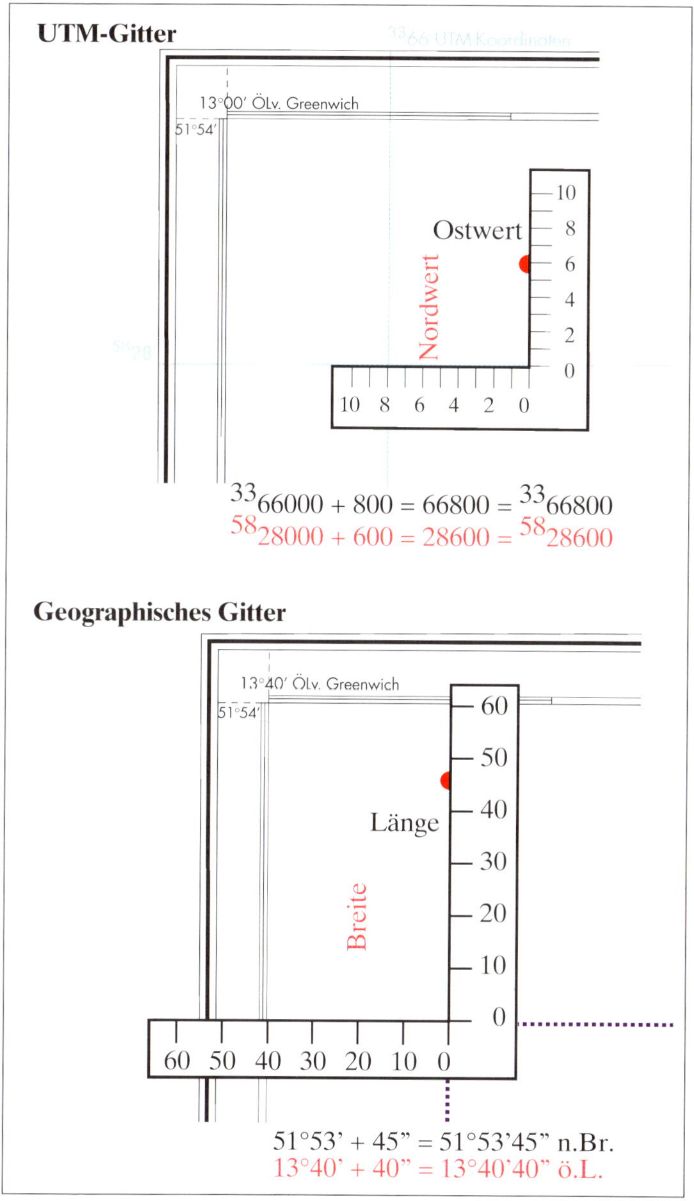

Abbildung 7 Planzeiger für das UTM-Gitter (dezimal) und das geographische Gitter (Sekunden)

3.5 Praktische Koordinatenbestimmung

Nach der Theorie etwas Praxis. Gleich am Anfang soll die Frage nach dem praktischen Nutzen der Koordinatenbestimmung geklärt werden. Vereinbaren wir mit einem Wanderkameraden einen Treffpunkt etwa so: »Nach der Brücke die dritte Weggabelung«, ist es sehr fraglich ob wir uns treffen. Übermitteln wir dagegen die Koordinaten des Treffpunktes z.B. $^{57}64$ $^{22}67$, so ist die Aussage eindeutig. Umgekehrt können uns auch die Koordinaten des Treffpunktes mitgeteilt werden. Kritisch wird es, wenn wir mit einer Notfallsituation (Unfall, Waldbrand) konfrontiert werden. Nur bei einer Übermittlung der Koordinaten des Unfallortes ist eine sofortige Hilfe (Hubschrauber) möglich. Für die Benutzer eines GPS-Empfängers ist die Kenntnis der Zielkoordinaten eine Grundvoraussetzung. Ohne deren Kenntnisse ist er praktisch unbrauchbar. Alles in allem sind es gute Gründe, uns etwas näher mit der Koordinatenbestimmung zu befassen.

Wir werden es uns einfach machen und die Koordinaten mit dem Planzeiger bestimmen. Zunächst ist es ratsam, die Gitterlinien in die Karte einzuzeichnen. Wanderer mit dem Kompaß wählen das UTM-Gitter und Wanderer mit dem GPS-Empfänger das geographische Netz. Als nächstes wird der für den Kartenmaßstab und das Koordinatennetz zutreffende Planzeiger ausgesucht. Jetzt brauchen wir diesen nur noch an das Gitter anzulegen und die Werte zu addieren.

Hinweis: Die Planzeiger für das UTM-Gitter sind dezimal und die für geographische Gitter in Sekunden unterteilt.

Regel 1 Planzeiger

1. Planzeiger mit dem unteren Schenkel an eine Ost-West Gitterlinie anlegen.
2. Unteren Schenkel nach rechts verschieben, bis der obere Schenkel an dem gesuchten Ort anliegt.
3. Am unteren Schenkel den Wert ablesen und zu diesem den nächsten links liegenden Gitterwert (Ostwert, Breitengrad) addieren.
4. Am oberen Schenkel den Wert ablesen und zu diesem den nächsten angelegten Gitterwert (Nordwert, Längengrad) addieren.
5. Zuerst den Ostwert dann den Nordwert oder zuerst den Breitengrad dann den Längengrad (breite Länge) angeben.

4 Norden ist nicht gleich Norden. Die drei Nordrichtungen

Ja, Sie haben richtig gelesen es gibt drei Nordrichtungen und als Wanderer mit Karte und Kompaß sollten wir diese auch kennen.

Im üblichen Sprachgebrauch verstehen wir unter der Nordrichtung die Richtung zum Nordpol. Als zukünftige Kartenexperten bezeichnen wir von jetzt ab diese Richtung als *Geographisch-Nord.* Eine weitere Nordrichtung ist uns ebenfalls bekannt. Es ist die Richtung, in die die Magnetnadel zeigt. Wie wir noch aus der Schule wissen, zeigt sie nicht zum Nordpol, sondern abseits davon zum magnetischen Nordpol. Diese Nordrichtung ist *Magnetisch-Nord.* Schließlich gibt es noch das mitunter als Kartennord bezeichnete *Gitter-Nord.* In diese Richtung verlaufen die senkrechten Linien (Nord-Südgitterlinien) des Kartengitters (Gauß-Krüger- bzw. UTM-Gitter).

4.1 Geographisch-Nord

Geographisch-Nord liegt genau auf dem Nordpol. Es ist auch die einzige authentische Nordrichtung.

● Seitliche Kartenränder

In der Bundesrepublik und in Österreich zeigen die seitlichen Kartenränder der amtlichen topographischen Karten genau nach Geographisch-Nord.

4.2 Magnetisch-Nord

Im Gegensatz zum Geographisch-Nord ist Magnetisch-Nord kein fester Punkt. Gegenwärtig beträgt die Abweichung (Mißweisung) von Geographisch-Nord in der Bundesrepublik nur etwa 2° östlich.

Die gültigen Werte der Differenz zwischen Magnetisch-Nord und Geographisch-Nord (Nadelabweichung) und ihre voraussichtliche Änderung können wir den amtlichen topographischen Karten entnehmen.

● Magnetisch-Nord

Magnetisch-Nord ist die Richtung, in die unsere Magnetnadel zeigt. Sie unterliegt zeitlichen und örtlichen Veränderungen. In vielen Gebieten treten noch örtliche Störungen auf. Nur in Ausnahmefällen stimmt Magnetisch-Nord mit Geographisch Nord überein. Beim Wandern nach der Karte ist diese Abweichung zu beachten.

4.3 Gitter-Nord

Gitter-Nord ist die Richtung, in der die senkrechten Linien des Gauß-Krüger-Gitters oder des UTM-Gitters verlaufen. Während die Meridianlinien sich an den Polen schneiden, gibt es für die parallelen Gitterlinien keinen gemeinsamen Schnittpunkt.

● **Gitter-Nord**

Unter Gitter-Nord verstehen wir die Richtung der senkrechten, zum oberem Kartenrand verlaufenden Linien des Kartengitters (Nord-Süd-Gitterlinien).

5 Mißweisung

Weil sich die Magnetnadel des Kompasses nicht zum Nordpol (Geographisch-Nord) sondern zum Magnetpol ausrichtet (Magnetisch-Nord), ergibt sich eine Differenz; die sogenannte Mißweisung.

Dabei wird die Winkeldifferenz zwischen Geographisch-Nord (senkrechten Kartenrändern) und Magnetisch-Nord (Richtung der Magnetnadel) als Deklination und die Winkeldifferenz zwischen Gitter-Nord (senkrechte Gitterlinien) und Magnetisch-Nord als Nadelabweichung bezeichnet. Schließlich besteht noch eine als Meridiankonvergenz bezeichnete Winkeldifferenz zwischen Geographisch-Nord und Gitter-Nord. Echte Mißweisungen sind die Deklination und die Nadelabweichung.

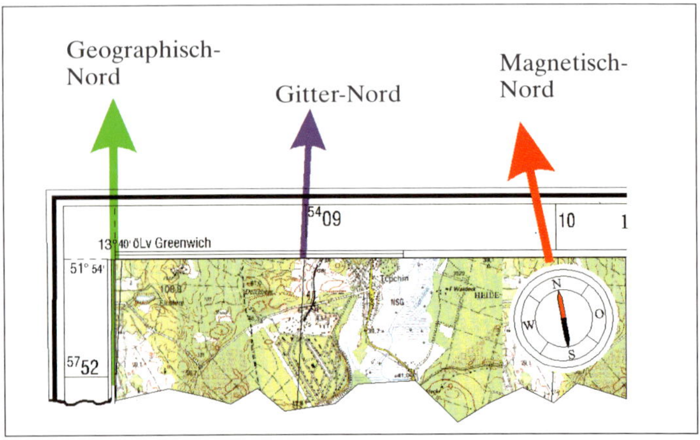

Abbildung 8 Die drei Nordrichtungen (Geographisch Nord zum Nordpol, Gitternord parallel zu den Gitterlinien, Magnetisch Nord in Richtung der Magnetnadel)

5.1 Deklination

Schon sehr früh – erste Erwähnung 1544 – erkannten die Seefahrer, daß die Magnetnadel nicht genau nach Norden zeigt. Man fand auch bald heraus, daß sie sich zeitlich und örtlich verändert. Auf den gegenwärtigen TK wird die Deklination nicht mehr angegeben.

Leider ist die Bezeichnung Deklination nicht eindeutig. Mitunter wird fälschlicherweise auch die Nadelabweichung als Deklination bezeichnet. Bisweilen versteht man unter der Mißweisung nur die Deklination. Es gilt also stets zu überlegen, was eigentlich gemeint ist.

5.2 Nadelabweichung

Sie ist für den Wanderer die wichtigste Art der Mißweisung. Bleibt beispielsweise eine Nadelabweichung von 10° (Norwegen) unberücksichtigt, so läuft man bei einer Strecke von 1 km, bereits 176 m am Ziel vorbei. Bei einer geringen Nadelabweichung sollten wir – da ja auch unser Kompaß nur bedingt genau ist – es nicht übertreiben.

Tip 4 Nadelabweichung
Liegt die Nadelabweichung unter 3°, kann sie vernachlässigt werden.

Je nach der Lage von Magnetisch-Nord gibt es eine östliche und westliche Nadelabweichung bzw. Deklination. Gelegentlich wird die östliche Nadelabweichung mit einem » + « und die westliche mit einem » – « bezeichnet.

Zur Zeit befinden sich in der Kartenlegende der TK folgende Angaben:
Die Nadelabweichung beträgt für dieses Kartenblatt
im Jahr 1995 1°10' östlich,
Sie nimmt z. Z. jährlich um etwa 0°04' zu.

Sind die Angaben älter als 10 Jahre, sollten wir uns bei den Landesvermessungsämtern über den neusten Stand informieren.

5.3 Meridiankonvergenz

Auf der deutschen TK entspricht die Meridiankonvergenz der Winkeldifferenz zwischen den seitlichen Kartenrändern und dem Verlauf der Nord-Südgitterlinien. Im Gegensatz zu den beiden von der Wanderung des Magnetpols abhängigen Mißweisungen handelt es sich bei der Meridiankonvergenz um eine feststehende Größe. Sie steigt mit zunehmender Entfernung vom Äquator und Abstand vom Hauptmeridian. Am 50. Breitengrad beträgt Sie maximal 1,15°. Wir können deshalb – ohne einen allzu großen Fehler zu begehen – in Mitteleuropa sowohl den Kurswinkel nach den seitlichen Kartenrändern als auch nach den Nord-Südgitterlinien bestimmen.

Die genaue Berechnung:
maximale Meridiankonvergenz = 1,5 · sin (Breitengrad)

6 Kartenkunde: Der Kartenrahmen und Kartenrand als wichtige Informationsquelle

Die Grenze zwischen der Karte und dem Rahmenfeld bildet die Minutenleiste. Nach außen wird das Rahmenfeld durch eine fett gedruckte Linie (Abschlußlinie) abgeschlossen. In der Mitte jeder Seitenkante wird die Linie durch die Bezeichnung der anliegenden Nachbarkarte unterbrochen. Innerhalb des Rahmenfeldes liegen die Rechts- und Hochwerte des Gauß-Krüger-Gitters. An den Ecken befinden sich die geographischen Ortsangaben.

Außerhalb der Abschlußlinien werden, wenn die Gauß-Krüger-Koordinaten etwa in der Mitte des Meridianstreifen liegen, sowohl die östlichen als auch die westlichen Koordinaten angegeben. So liegt ein Ort mit der Angabe $^{54}36$ (Abbildung 10) 64 km (= 500 – 436) westlich vom 15° (= 5 · 3) Meridian und einer mit der Angabe $^{46}42$ 142 km (= 642 – 500) östlich vom 12° (= 4 · 3) Meridian (siehe Beispiel 3 und 4). Mitunter kreuzen sich auch die Angaben. Auch die UTM-Koordinaten stehen außerhalb des Rahmenfeldes.

● Rahmenfeld

Auf der TK 25 (1:25000) sind im Rahmenfeld die Rechts- und Hochwerte im Abstand von 1 km und auf TK 50 (1:50000) im Abstand 2 km numeriert. Die Minutenleiste wird jeweils in einem Abstand von einer Minute markiert.

Angaben über die geographische Länge und Breite finden wir in den vier Ecken des Rahmenfeldes. Dabei steht die geographische Breite im oberen und unteren Rahmenfeld und die geographische Länge im linken und rechten Rahmenfeld.

Innerhalb des Rahmenfeldes stehen meist noch Angaben über den weiteren Verlauf von bedeutungsvollen Straßen und Bahnlinien.

Aufgrund der Meridiankonvergenz kann der im oberen Rahmenfeld liegende Rechtswert einen anderen Abstand von dem linken Kartenrand als der im unterem Rahmenfeld liegende Wert besitzen. Dadurch wiederum verlaufen die Linien des UTM- und Gauß-Krüger-Gitters schräg zum Kartenrand. Also, nicht in Panik verfallen, die schrägen Linien sind schon richtig.

Beabsichtigen wir in die Karte ein Gitternetz einzuzeichnen – was sehr zu empfehlen ist – können wir uns in Mitteleuropa

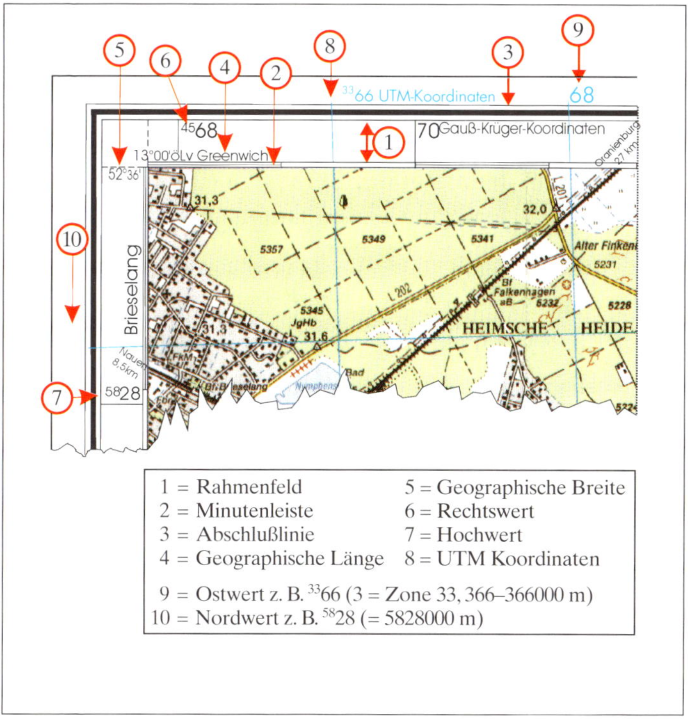

Abbildung 9 Kartenrahmen der TK

wegen der geringen Meridiankonvergenz (am 50° n. Br. beträgt sie maximal 1,15°) entweder für das Geographische- (verbinden der Minutenwerte) oder das UTM-Gitter (verbinden der gleichen Ost- und Nordwerte) entscheiden.

Tip 5 Quasigitter
Besitzt die Karte kein Gitter, so sind auf der Karte bisweilen an jedem zweiten Kreuzungspunkt des gedachten UTM-Gitters kleine schwarze Kreuze eingezeichnet. Diese können wir, wenn auch nicht durchgezogen, als ein sogenanntes Quasigitter verwenden.

Die Wanderkarten und ebenso die von den Landesvermessungsämtern herausgegebenen Umgebungskarten besitzen im allgemeinen eine recht dürftige Randausstattung. Mitunter ist nicht einmal das Gauß-Krüger-Gitter eingezeichnet. Es existiert auch keine einheitliche Numerierung, jeder Herausgeber benutzt seine eigene. Ein Koordinatenvergleich mit amtlichen TK oder anderen Wanderkarten ist nur bedingt möglich.

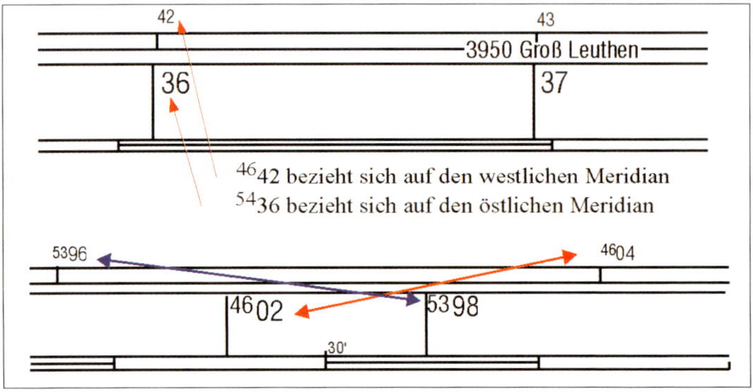

Abbildung 10 Rahmenfeld mit doppelter Angabe des Rechtswertes

Tabelle 3 Vergleich zwischen dem UTM-Gitter und dem Geographischen-Gitter

	UTM-Gitter	Geographisches-Gitter
Anfertigung	Verbinden der gleichen Ost- und Nordwerte	Verbinden der gleichen Minuteneinteilung
Werte	Im Rahmenfeld	Minutenleiste
Vorteile	quadratische Gitternetzfelder	parallel zu den Kartenrändern
Nachteile	nicht parallel zu den Kartenrändern	rechteckige Gitternetzfelder
Anwendung	Wandern mit dem Kompaß	Wandern mit dem GPS-Empfänger

7 Kartenzeichen

7.1 Allgemeines

Nach Möglichkeit wird auf der TK die Landschaft mit ihren natürlichen und künstlichen Objekten vollständig und maßstabgerecht wiedergegeben. Die einzelnen Objekte werden als Kartenzeichen dargestellt. Bei Erfordernis erhalten sie neben der farblichen Gestaltung ergänzende Angaben z. B. Höhenangaben. Mit abnehmendem Kartenmaßstab werden die Objekte in ihrer Darstellung immer mehr vereinfacht (generalisiert). Lassen sich Objekte wegen ihrer geringen Abmessung nicht mehr maßstabsgerecht abbilden, bekommen sie ein nicht maßstabsgerechtes (überzeichnetes) Kartenzeichen.

● Maßstabgerecht

Es gibt maßstabgerechte und nicht maßstabgerechte Kartenzeichen.

Tabelle 4 Maßstabgerechte und nicht maßstabgerechte Kartenzeichen

Typ	Erläuterung	Beispiele
maßstab-gerechte	Flächenhafte Objekte, die entsprechend dem Kartenmaßstab richtig dargestellt werden.	Waldgebiete, größere Teiche, Sandgruben, Wiesen, Friedhöfe
nicht maßstab-gerechte	Objekte, die wegen ihrer geringen Größe nicht maßstabgerecht darzustellen sind. Darunter fallen auch einseitig schmale Objekte.	Kirchen, Burgen, Denkmale, Mühlen, Bahnhöfe, Eisenbahnen, Straßen, Bäche

Damit wir bei den nicht maßstabgerechten Kartenzeichen trotz der Überzeichnung den exakten Standort finden, besitzen sie einen Lagebezugspunkt. Bei Straßen oder Flüssen ist es eine gedanklich eingefügte Mittellinie.

● **Lagebezugspunkt**

Nichtmaßstabgerechte Kartenzeichen besitzen einen Lagebezugspunkt. Die Lage wird vom Typ des Kartenzeichens bestimmt z. B. Kirchen im Zentrum des Zeichens, Denkmale in Grundlinienmitte).

Tip 6 Farbe künstlicher Objekte

In Bezug auf die Farbe gilt die Faustregel, daß die künstlichen Objekte (von Menschenhand geschaffen) wie Straßen, Gebäude, Türme usw. schwarz dargestellt werden.

7.2 Verkehrswege

Farbe: Auf der TK werden sämtliche Verkehrswege schwarz dargestellt. Bei Wanderkarten ist noch eine farbige Gestaltung der Wanderwege üblich. Oft wird dann die zutreffende Wegmarkierung mit abgebildet. Meistens werden die Parkplätze und die Bushaltestellen blau markiert.

Besonders auffällig sind die dicken, schwarzen Linien der Eisenbahnen. Die Autobahnen und Straßen erkennen wir an den parallelen Linien und die Wege an den einfachen schwarzen Linien. Autobahnen lassen sich von den Straßen durch den zwischen den parallelen Linien eingezeichneten Mittelstreifen unterscheiden. Hinweise auf die Straßenart geben die unmittelbar neben der Straßendarstellung befindlichen Bezeichnungen.

Tip 7 Straßendarstellung
Je einfacher und dünner die Linie ist, mit der die Straßen oder Wege dargestellt werden, desto dürftiger sind die Straßen oder Wege. Den Doppellinien folgen die einfachen und den durchgezogenen Linien die gestrichelten. Auf Wanderkarten können die farbig eingezeichneten Wanderwege einen breiten Weg vortäuschen.

Sehen wir auf der Karte ein dichtes Verkehrsnetz so ist das Gebiet wirtschaftlich erschlossen und damit auch für die Ruhe suchenden Wanderer ohne Interesse. Eine geradlinige Wegeführung wiederum läßt auf einen gut begehbaren Untergrund schließen. Leichte Biegungen deuten auf ein hügliges Gelände hin. Serpentinen, Tunnel und Seilbahnen kommen im Gebirge an besonders steilen Stellen vor.

Kreuzt eine Eisen- oder Autobahn den Wanderweg, so müssen wir sie über- oder unterqueren. Bei Autobahnen ist es nur an Stellen möglich, wo auch auf der Karte eine Brücke oder ein Tunnel eingezeichnet ist. Liegt das Kartenzeichen Brücke quer über der Autobahn, wird sie überquert (Brücke); ist das Kartenzeichen längs der Autobahn eingezeichnet, wird sie unterquert (Tunnel). Gleiches betrifft die Eisenbahn.

Ein Sonderfall sind die unbeschrankten Bahnübergänge. Bei diesen kreuzen die dargestellten Wege unmittelbar die Eisenbahn. Leider läßt sich dabei nicht immer unterscheiden, ob der Weg wirklich über die Eisenbahn führt oder der Weg vor der Bahn endet und erst auf der anderen Seite weiter führt. Handelt es sich um eine eingleisige Bahn, so können wir sie dort eventuell mit der notwendigen Aufmerksamkeit und Vorsicht überschreiten. Bei mehrgleisigen Eisenbahnen sollte man es lieber bleiben lassen und den nächsten offiziellen Übergang suchen. Enden Eisenbahnlinien im Wald, handelt es sich oft um eine militärische Anlage. Ein plötzlich auftauchender Zaun kann uns dann den Weg versperren.

Immer ist zu beachten, daß die eingezeichneten Wege zugewachsen, verbaut oder neu angelegt sein können. Auch auf die markierten Wanderwege sollten wir uns nicht allzu sehr verlassen. Oft hört unversehens die Markierung auf.

Tip 8 Umfeld
Bei einer Gebirgswanderung sollten wir uns stets über das Umfeld des Wanderweges (Steilhang!) informieren. Bei einem unerwarteten Wetterumsturz, Schneefall oder Nebel kann die Kenntnis das Leben retten.

Auf schwarz-weiß Karten läßt sich die Höhenlinie leicht mit einem Wanderweg verwechseln. Weil sich aber Höhenlinien nie schneiden, ist eine mehrere Linien schneidende Linie immer ein Weg.

7.3 Gewässer

Farbe: Alles was sich direkt auf die Gewässer bezieht, wird auf der TK blau gezeichnet. Gleiches gilt für die in den Umgebungskarten eingezeichneten Frei- oder Hallenbäder. Dagegen werden künstliche Objekte, die mit Gewässern verbunden sind, wie Wehre, Schleusen, Talsperren schwarz dargestellt. Leider wurde von den Wanderkartenherstellern die Farbgebung nicht übernommen. So benutzen sie für die Wehre und Schleusen oft eine blaue und für die Freibäder eine schwarze Farbe.

Bei den Gewässern unterscheiden wir zwischen den stehenden und den fließenden Gewässern. Letztere werden je nach ihrer Breite maßstäblich oder nichtmaßstäblich wiedergegeben.

● Gewässer

Breite, fließende Gewässer (beim Maßstab 1:25 000 breiter als 12,5 m; 1:50 000 breiter als 25 m; 1:100 000 breiter als 50 m) werden als Doppellinie maßstäblich und schmale Gewässer, die unter diesen Grenzwerten liegen, als Linie nicht maßstäblich dargestellt.

Meist lassen sich stehende und breite, fließende Gewässer problemlos passieren oder umgehen. Die Übergänge (Brücken, Fähren) stehen fest und sind in den Karten eingezeichnet. Bei Seen sollten wir wissen, daß sich die blau eingezeichnete Wasserspiegelhöhe auf die mittlere Höhe während des Sommers bezieht. Zur Zeit der Schneeschmelze kann sie besonders bei Gebirgsseen beträchtlich darüber liegen.

Tip 9 Schleusen

Von den schwarz abgebildeten Hydrotechnischen Anlagen sollten wir auf Schleusen achten. Meist kann dort das Gewässer überquert werden.

Sehen wir auf der Karte, daß der Weg durch eine Wiese oder ein Sumpfgebiet verläuft, so kann er nach einer Regenzeit unpassierbar werden. Ist aber das Gewässer mit einem Deich oder Damm versehen, gibt es diesbezüglich keine Probleme.

Bei der Planung einer Gebirgswanderung muß der Verlauf der Bäche und Flüsse aufmerksam verfolgt werden. Denn zum einen dienen sie zur Orientierung, zum anderen sind sie ein Hindernis. Fließt ein Bach durch ein felsiges Gebiet, eine Schlucht oder Klamm wird er kaum überschreitbar sein. Auch wenn er dabei nur als dünne blaue Linie eingezeichnet ist, sollten wir uns nicht täuschen lassen. Spaltet sich dagegen der Bach in mehrere Arme oder plätschert, wie aus dem Verlauf der Höhenlinien zu ersehen ist, durch ein flaches Gelände, finden wir leicht eine Stelle zum passieren.

Vorsicht ist bei schwarz-weiß Karten geboten. Dort läßt sich schnell ein Bach mit einem Weg verwechseln. Hier hilft nur, die Linie über einen größeren Abschnitt zu beobachten. Es ist ratsam, diese gleich blau zu übermalen.

7.4 Vegetation

Farbe: Waldflächen werden grün dargestellt. Die Signatur für die Waldart, einzeln stehende Bäume und Gebüsch ist grün, ebenso die der Kulturlandschaften wie Obstgärten und Weinanbaugebiete. Gärten sind grün punktiert. Landwirtschaftliche Nutzflächen sind weiß. Nasse Stellen lassen sich an dem eingefügten blauen Strichmuster erkennen. Sandige Flächen werden als braunes Punktmuster wiedergegeben. Bei Sandboden in einem Waldgebiet wird die grüne Fläche mit dem Punktmuster kombiniert.

● Vegetationsflächen

Unterschiedliche Vegetationsflächen werden nicht gegeneinander abgegrenzt. Auf die Begrenzungslinie wird verzichtet, wenn an der Grenze ein Weg, eine Bahn, Straße usw. verläuft. Auch bei einem stufenlosen Übergang von einer Vegetationsart zur anderen entfällt die Linie. Zur Abgrenzung von Naturschutzgebieten (NSG) wird die punktierte Linie *schwarz* gedruckt.

Hinweis: Bei einer oberflächlichen Betrachtung kann die punktierte Grenzlinie einen gestrichelten Weg vortäuschen.

Tip 10 Forstabteilungsnummern

Eine wertvolle Orientierungshilfe sind die an den Bäumen der Forstabteilungsecken bzw. Jagensteinen angebrachten kleinen Schilder, die den auf der Karte eingezeichneten Forstabteilungsnummern entsprechen.

7.5 Siedlungen

Farbe: Auf der TK sind die Ortsbezeichnungen schwarz. Die Schriftgröße richtet sich nach der Einwohnerzahl. Je größer die Schrift desto mehr Einwohner hat der Ort. In den Ortschaften werden Straßen als Doppellinien und Vegetationsgebiete als grüne Flächen im Umriß wiedergegeben. Gebäude sind auf großmaßstäblichen Karten schwarz, lage- und achsenrichtig im Grundriß abgebildet. Verkleinert sich der Maßstab, so erfolgt nur noch eine Blockdarstellung der Gebäude und eine Symboldarstellung der Kirchen, Türme, und Schornsteine.

Tip 11 Verlauf der Ortsbezeichnung
Auf den Karten verlaufen die Schriftzüge der Ortsbezeichnungen genau von West nach Ost. Sie eignen sich auch zum Einnorden der Karte.

Bei Flüssen und Gebirgen richtet sich die Lage der Bezeichnung nach dem Verlauf der Objekte. Auch Flur- und Landschaftsnamen brauchen sich nicht unbedingt der West-Ost-Richtung anzupassen.

7.6 Sonstige topographische Objekte

Von den künstlichen Objekten sind Funktürme, Windräder und Windmühlen hervorragende Orientierungspunkte. Wir sollten uns ihre Symbole und Lagebezugspunkte merken. Auch Hochspannungsleitungen eignen sich zur Standortbestimmung. Kreuzt eine Hochspannungsleitung den Wanderweg, so finden wir problemlos unseren Standort. Eine besondere Bedeutung besitzen die trigonometrischen Bodenpunkte.

Tip 12 Trigonometrischer Punkt
Die auf den trigonometrischen Bodenpunkten eingemeißelten Zeichen »TP« befinden sich immer auf der Südseite. Trigonometrische Bodenpunkte eignen sich in Verbindung mit der TK zur Überprüfung des Höhenmessers.

Abbildung 11 Trigonometrischer Bodenpunkt

7.7 Grenzen

Farbe: Grenzen werden immer schwarz dargestellt.

Wichtig für den umweltbewußten Wanderer ist der Unterschied zwischen der politischen (Strich-Strich-Punkt) Grenze und der Grenze eines Naturschutzgebietes (nur Punkte). Einprägen sollten wir uns das Kartenzeichen für den Truppenübungsplatz (Strich-Punkt).

Tip 13 Grenzen
Befinden sich bei einer gestrichelten Linie Punkte zwischen den Strichen handelt es sich immer um eine Grenze.

Eine schnelle Information über den Verlauf der politischen Grenzen (Verwaltungsgliederung) gibt uns die auf der TK befindliche kleine Übersichtskarte. Auf ihr sind die Bezirke als Nummer eingetragen. In der Legende werden sie dann der jeweiligen Gemeinde zugeordnet.

8 Höhenlinien

8.1 Was sind Höhenlinien?

Unsere Wanderleiterin hat die Karte vor sich und erklärt:

»Heute wandern wir zum 565 Meter hohen, auch mir bisher noch nicht bekannten Colmberg. Vom Parkplatz am Fuße des Berges geht es nach Osten. Dort beginnt der Aufstieg. Prinzipiell wäre auch ein Aufstieg gleich vom Parkplatz möglich, jedoch ist der Weg dort sehr steil. Zunächst steigen wir 200 Meter bis zum Gedenkstein, verschnaufen etwas und wandern dann bequem in gleicher Höhe auf dem links abzweigenden Waldweg bis zur Höllenschlucht, die wir nach zehn Minuten erreichen. Gleich am Waldrand befindet sich ein Aussichtspunkt. Dort haben wir einen guten Ausblick in die südöstliche Richtung. Da die Sonne noch im Osten steht, lohnen sich auch Fotoaufnahmen. Den nächsten Weg biegen wir rechts ein und steigen nochmals 185 Meter, zunächst etwas steil, aber dann ohne Mühe auf einen Gradweg nach Westen. Allerdings wird die Aussicht nach Süden durch den 756 Meter hohen Trachenberg etwas versperrt. Nach einer reinen Wanderzeit von zwei Stunden erreichen wir schließlich den Aussichtsturm. Hier werden wir einen herrlichen Blick haben. Mit der Sonne im Rücken lassen sich auch zur Mittagszeit noch recht gute Aufnahmen schießen. Bei klaren Sichtverhältnissen werden wir bestimmt das im Norden in 10 Kilometer Entfernung liegende Kloster Waldeck sehen. Zum Abstieg wählen wir den steilen nördlichen Weg, der uns auch zur Mittagszeit weitestgehend durch schattigen Wald führen wird«. Es erinnert etwas an Hellsehen. Aber so schwer ist es eigentlich nicht. Am Ende des Kapitels werden wir auch dazu in der Lage sein.

Das Wichtigste dabei ist das Verständnis und die richtige Interpretation der Höhenlinien. Wer dieses beherrscht, wird schon am Schreibtisch seine Wanderung richtig planen und den günstigsten Weg auswählen können. Beim Wandern wird er kaum die Orientierung verlieren. Es ist schon der Mühe wert, wenn wir uns nun etwas näher mit den Höhenlinien befassen. Allerdings gibt es dabei auch etwas zu rechnen. Aber keine Angst, so schlimm wird es nicht werden.

Was aber sind nun Höhenlinien (Höhenkurven, Schichtlinien)? Wir müssen uns vorstellen – ähnlich wie bei einem halben Brot – daß der Berg oder allgemein die Landschaft in gleich große Scheiben zerlegt (Abbildung 12) wird. Die Brotrinde würde dann den Höhenlinien entsprechen. Die erste Scheibe wäre also die Höhenlinie 1. Wird deren Umriß auf ein Papier projiziert und mit den nächsten Scheiben ebenso verfahren, erhält man die Höhenabbildung des Brotes. Wir übertragen nun die Vorstellung auf einen Berg.

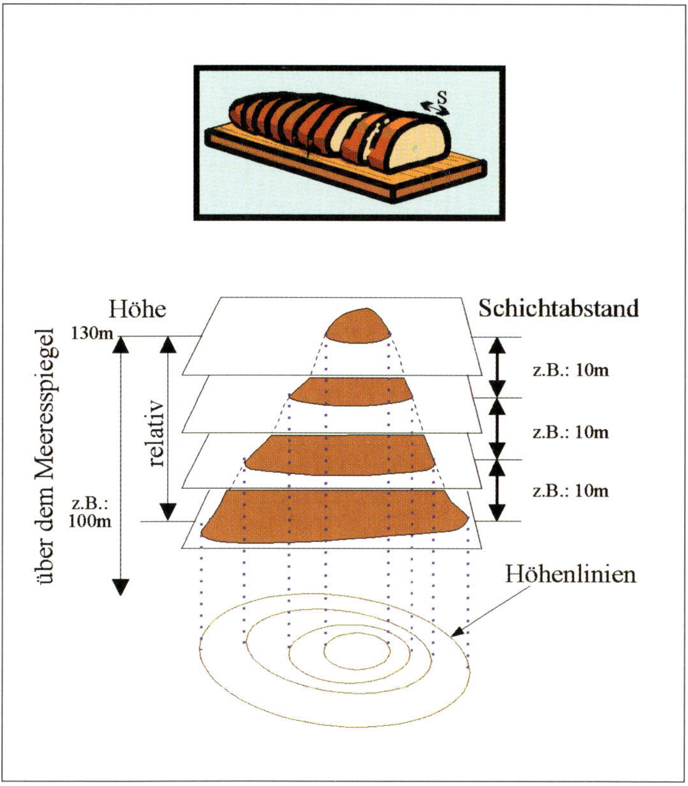

Abbildung 12 So können wir uns die Ableitung der Höhenlinien vorstellen

Auch er wird wie in Abbildung 12 dargestellt in Scheiben zerlegt. Da sämtliche Scheiben gleichstark sind, muß auch die Höhendifferenz zwischen den Höhenlinien gleich sein. Diese Differenz bezeichnen wir als Äquidistanz.

Ein Unterschied besteht allerdings. So beginnt in der Natur die Höhenzählung nicht am Bergfuß (relative Höhe), sondern an dem Meeresspiegel (absolute Höhe). Je nach der Kartenart und Land wird die Höhe über NN (Amsterdamer Pegel) oder HN (Kronstädter Pegel, liegt 10 cm unter NN) angegeben.

Zur besseren Übersichtlichkeit werden in bestimmten Höhenabständen die Linien durch einen stärkeren Strich (verstärkte Haupthöhenlinien) oder durch einfügen der Höhenzahl (Zähllinien) hervorgehoben. Mitunter schiebt man an kritischen Stellen Halb- und Viertellinien ein.

● **Höhenlinien**

Farbe

Damit keine Verwechslung mit den Wegen eintritt, sind die Höhenlinien auf den heute meist benutzten farbigen Karten fast immer braun markiert. Nur wenn sie über Gletscher verlaufen, sind sie mitunter auch blau bezeichnet.

Abstand

Je dichter die Höhenlinien liegen, desto steiler fällt bzw. steigt das Gelände an. Liegen sie dagegen auseinander, handelt es sich um einen flachen Hang.

Schnittpunkt

Kreuzt ein Weg die Höhenlinien fast im rechten Winkel, so steigt er relativ steil an. Je schiefer die Linien geschnitten werden, desto weniger steil ist der Anstieg. Verläuft er parallel zu den Höhenlinien, so ist er eben.

Der Abstand der Höhenlinien, d. h. die Äquidistanz wird unter den Zeichenerklärungen am Kartenrand angeführt. Sie ist auf der ganzen Karte gleich, verändert sich aber mit dem Kartenmaßstab und dem Geländeprofil. Bei einer 1:25000 Karte wählt man im flachen Land eine Äquidistanz von 5 Metern, im Mittelgebirge von 10 Metern und im Hochgebirge von 20 Metern.

Wir sollten uns dabei vergegenwärtigen, daß zwischen zwei Höhenlinien immer ein geradliniger Anstieg vorausgesetzt wird. So kann der auf der Karte scheinbar stetig ansteigende Wanderweg in seiner Höhe ständig wechseln (Abbildung 13).

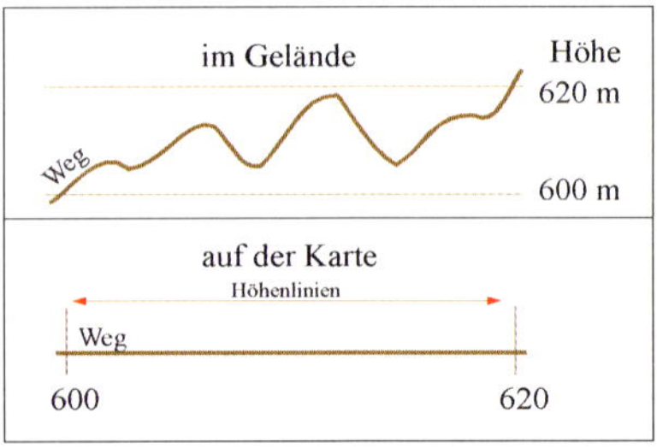

Abbildung 13 Wegeverlauf auf der Karte und im Gelände

Zur besseren Vermittlung eines räumlichen Eindruckes werden die Geländereliefs – besonders bei Wanderkarten – mit einer Schummerung (Schattenbildung bei einer nordwestlichen Beleuchtung) versehen. Auch eine unterschiedliche Farbgestaltung, bei der mit zunehmender Höhe die Farben dunkler werden ist gebräuchlich.

Die in der Vergangenheit oft benutzten Schraffen werden kaum noch angewendet. Eingebürgert hat sich dagegen die Verwendung von Fallstrichen und Kesselpfeilen. Wie aus der Abbildung 14 ersichtlich, handelt es sich bei den Fallstrichen um kleine, rechtwinklig an den Höhenlinien angesetzte, stets in der Fallrichtung zeigende Striche. Alle diese Darstellungen geben nur eine bedingte Hilfe. Wir müssen durch Übungen und ständigen Vergleich der Kartendarstellung mit der Landschaft einen Blick für eine richtige Karteninterpretation entwickeln.

● **Kesselpfeile**

Bei Kesselformen bekommt die tiefstgelegene Höhenlinie zur Unterscheidung von Kuppen einen braunen Kesselpfeil (Abbildung 14).

Befinden sich an den Höhenlinien wie bei den meisten Wanderkarten keine Fallstriche, so läßt sich auf den ersten Blick gar nicht so einfach ein Berg von einem Kessel unterscheiden. Wir müssen nach anderen Merkmalen suchen. Hinweise auf einen Berg geben die zunehmende Höhenlinienzahl (Im allgemeinen zeigen die Ziffern mit ihrem Fuß in die abfallende Richtung) oder die Fließrichtung der Gewässer (der spitze Winkel bei dem Zusammenfluß von Gewässern zeigt überwiegend talabwärts).

Mit einiger Übung können wir uns aus dem Verlauf der Höhenlinien recht gut die Geländeform vorstellen.

Weit auseinanderliegende Höhenlinien, die innerhalb der Karte nicht geschlossen sind weisen auf ein ebenes, wenig strukturiertes Gelände hin. Geschlossene Höhenlinien, die sich nach innen, in abnehmenden Durchmessern wiederholen, können

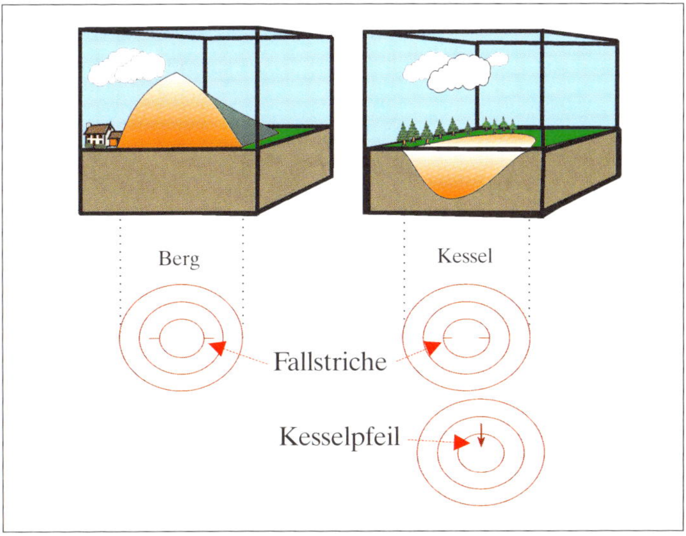

Abbildung 14 Fallstrich- und Kesselpfeildarstellung bei einem Berg und einem Kessel

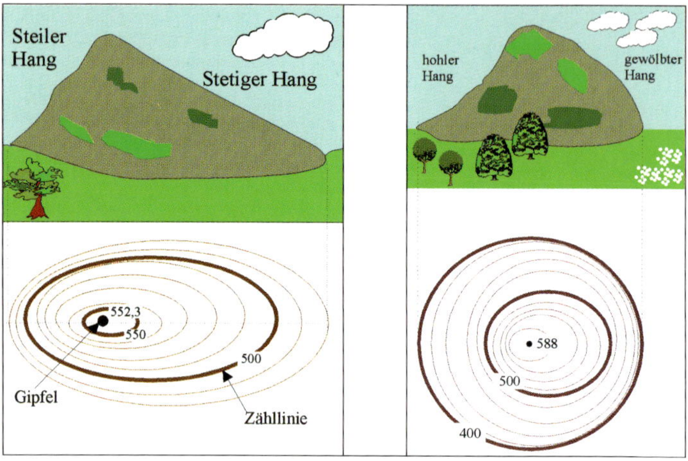

Abbildung 15 Höhenliniendarstellung verschiedener Hangneigungen

Erhebungen wie Berge oder Vertiefungen wie Mulden und Kessel darstellen.

● Hohler und gewölbter Hang

Bleibt der Abstand zwischen den Höhenlinien gleich, liegt ein stetiger Hang vor. Ist der Abstand in der Mitte eines Höhenlinienprofils am größten, so handelt es sich um einen hohlen Hang. Bei einem gewölbten Hang ist der Abstand in der Nähe des Gipfels am größten.

● Tal, Grat

Biegen die Höhenlinien in Richtung des Berges oder Bergrücken ein, so haben wir ein Tal, eine Schlucht, einen Graben oder einen ähnlichen Geländeeinschnitt vor uns. Dagegen offenbart sich ein Grat, Kamm, Rücken oder eine ähnliche Erhöhung durch ein Abwenden der Höhenlinien vom Berg oder Bergrücken. Bei sehr eng stehenden Höhenlinien handelt es sich meist um steile, kaum begehbare Steilhänge. Fallen die Höhenlinien beidseitig spitz ab, so haben wir einen nur auf dem Gratrücken überwindbaren Berggrat vor uns.

● Bergsattel

Einzel stehende Berge sind durch räumlich begrenzte und geschlossene Höhenlinien erkennbar. Ist der innerste Höhenlinienzug relativ groß und schroff, so handelt es sich um einen Tafelberg. Steigen innerhalb eines Höhenlinienzuges zwei benachbarte Erhebungen an, liegt ein Sattel vor, wobei der tiefste Punkt (Höhenlinie) der Sattelpunkt ist.

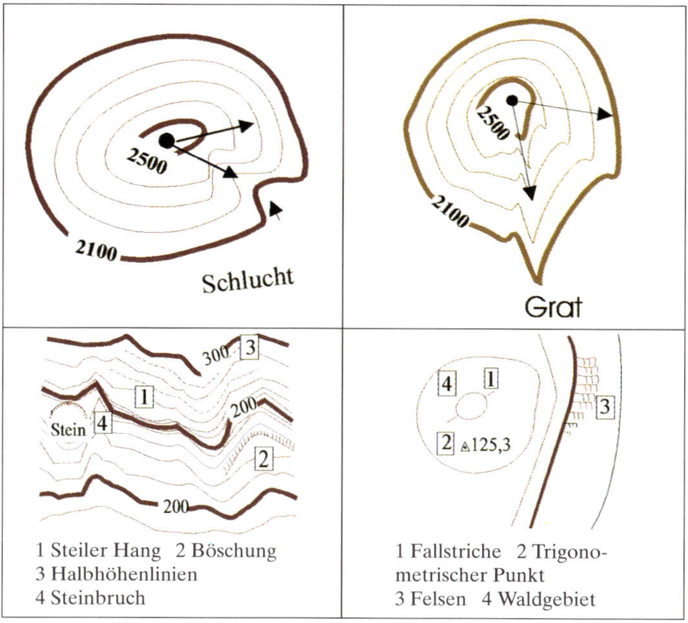

Abbildung 16 Höhenliniendarstellungen verschiedener Landschaften

8.2 Anfertigung einer Profilskizze

Wandern wir in einer unbekannten Landschaft, so empfiehlt sich im bergigen Land die Anfertigung einer Profilskizze. Bewährt hat sich die Darstellung in einer überhöhten Profilskizze (Abbildung 17). Den Nachteil, daß der An- und Abstieg zu steil erscheint, muß in Kauf genommen werden. Eine maßstabgerechte Zeichnung, bei der der Abstand der Parallellinien gleich der Äquidistanz gewählt wird (Abbildung 17), ist ebenfalls möglich, jedoch wegen der gedrungenen Darstellung nur in wenig Fällen sinnvoll.

Regel 2 Anfertigung einer überhöhten Profilskizze.

1. Zeichne auf der Karte in Richtung des Wanderweges eine Hilfslinie (Abbildung 17).
2. Zähle die Höhenlinien, die zwischen dem höchsten und niedrigsten Wert liegen (im Beispiel sind es 5).
3. Addiere 2 dazu (im Beispiel 5 + 2 = 7).
4. Zeichne entsprechend dieser Zahl Parallellinien auf ein Blatt Papier. Der Abstand zwischen den Linien kann beliebig gewählt werden. Er muß jedoch bei allen gleich sein.
5. Versehe die Linien mit den Werten der Höhenlinien (im Beispiel 200 bis 260)

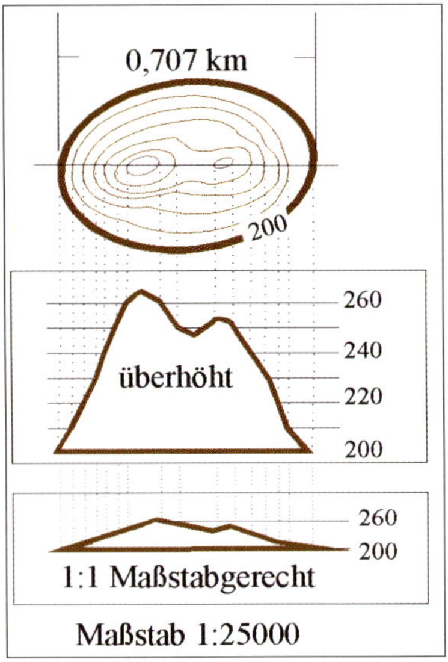

6. Lege das Blatt parallel an die Hilfslinie und zeichne eine Senkrechte von der Höhenlinie bis zum Schnittpunkt mit der dazugehörigen Parallellinie.

7. Verbinde die einzelnen Punkte.

Will man noch die Sichtweite (Abbildung 18) wissen, so muß über die Gipfel eine Gerade bis zur Horizontalen gezogen werden. Die auf der Horizontalen abgemessene Strecke wird dann nur noch mit dem Kartenmaßstab multipliziert.

Abbildung 17 Anfertigung einer Profilskizze. Vergleich zwischen der überhöhten und der maßstabgerechten Darstellung

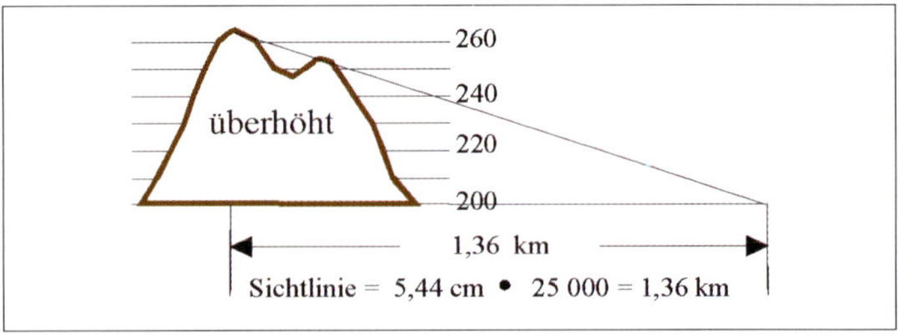

Abbildung 18 Sichtweitenbestimmung

8.3 Höhenermittlung

Wie schon gesagt, beziehen sich sämtliche auf den Karten angeführten Höhen auf NN. Für den Wanderer besitzen diese Absoluthöhen, abgesehen von der Verwendung eines Höhenmessers nur eine untergeordnete Bedeutung. Viel interessanter ist die Höhendifferenz.

Sind die Höhenlinien am Bergfuß und der Berggipfel mit einer Höhenangabe versehen, so läßt sich die Höhendifferenz problemlos berechnen. Fehlen diese Angaben, erfolgen die Berechnungen mit Hilfe der Vorschrift 3.

Regel 3 Berechnung der Höhendifferenz

1. Zähle die Höhenlinien zwischen den gesuchten Punkten (z. B. Bergfuß und Berggipfel).
2. Multipliziere die Anzahl der Höhenlinien mit der Äquidistanz. Das Ergebnis ist die gesuchte Höhendifferenz.
   Höhendifferenz = Anzahl der Höhenlinien • Äquidistanz

8.4 An- und Abstieg

Der Unterschied zwischen der ebenen, zweidimensionalen Kartendarstellung und der räumlichen, dreidimensionalen Wirklichkeit zeigt sich nirgendwo deutlicher als bei der Planung des An- und Abstieges. Zum einen verlängert sich, wie aus der Abbildung 19 ersichtlich, der reale Weg, und zum anderen steigt er mit einem nicht unmittelbar aus der Karte ersichtlichen Winkel an. Die Wegverlängerung können wir fast immer vernachlässigen. Sie beträgt selbst bei einer Steigung (Tabelle 5) von 30 % nur 15,5 %.

Ausgerüstet mit unserem bisherigen Wissen, können wir aus der Folge der Höhenlinien schnell abschätzen, ob der Weg steil oder flach ansteigt bzw. fällt. Oft reicht aber diese Schätzung nicht aus. Zur exakten Planung sollten wir es schon genauer wissen. Uns bleibt nichts anderes übrig als die Steigung zu berechnen.

Als Maßstab für die Steigung wird oft, ähnlich den Verkehrszeichenangaben »Gefälle« und »Steigung«, der Bruch aus der Höhendifferenz und waagrechten Entfernung (Kartenwegstrecke) in % angegeben. Gebräuchlich ist auch die Angabe des Steigungsverhältnisses, d. h. das Verhältnis zwischen der Höhendifferenz und der Kartenwegstrecke. Zweckmäßig ist aber die Angabe des Steigungswinkels (Böschungswinkel). Jeder Wanderer wird die Angabe: »Steigungswinkel = 45°« sofort verstehen, während er der Angabe: »Steigung = 100 %« etwas hilflos gegenübersteht.

Zur Bestimmung der Steigung können wir zwischen der rechnerischen Methode (empfohlen) und der grafischen Methode mit Stechzirkel und Neigungsmaßstab wählen.

8.5 Berechnung der Steigung

Haben wir uns für den rechnerischen Weg entschieden, so ist zunächst die auf der Karte abgemessene Kartenstrecke mit Hilfe des Maßstabes in die tatsächlichen Entfernungen umzurechnen. Erst danach läßt sich die Steigung berechnen. Den genauen Rechenweg entnehmen wir der Vorschrift 4.

Regel 4 Berechnung der Steigung

1. Zähle die Höhenlinien zwischen den gesuchten Punkten (z.B. Bergspitze und Bergfuß) und berechne daraus die Höhendifferenz:
   Höhendifferenz (Meter) = Anzahl der Höhenlinien · Äquidistanz.
2. Bei Notwendigkeit sind die Zwischenwerte abzuschätzen.
3. Miß mit einem Lineal die Strecke zwischen den gesuchten Punkten und berechne die ebene Wegstrecke in Metern.

$$\text{ebene Wegstrecke} = \frac{\text{Kartenstr. (cm)} \cdot \text{Maßstab}}{100}$$

(der Divisor 100 realisiert die Umrechnung von cm in m)

4. Aus dem Bruch der Höhendifferenz und der ebenen Wegstrecke wird die Steigung in % berechnet

$$\text{Steigung (\%)} = \frac{\text{Höhendifferenz (m)}}{\text{ebene Wegstrecke}} \cdot 100$$

Beispiel 5 Berechnung der Steigung (Abbildung 19)
Die Höhendifferenz berechnet sich aus der Anzahl der Höhenlinien (4) und der Äquidistanz (50 m)
Höhendifferenz = 4 · 50 = 200 m,
die ebene Wegstrecke aus der Kartenstrecke 3,5 cm und dem Kartenmaßstab 1:10000

$$\text{ebene Wegstrecke} = \frac{3{,}5 \cdot 10\,000}{100} = 350\ \text{m}$$

die Steigung aus beiden Werten

$$\text{Steigung} = \frac{200}{350} \cdot 100 = 57{,}1\ \%$$

Interessiert uns der Steigungswinkel oder die Wegverlängerung, so genügt ein Blick in die Tabelle 5. Für das Beispiel entnehmen wir einen Steigungswinkel von etwa 29,5° und eine Wegverlängerung von etwa 15 %.

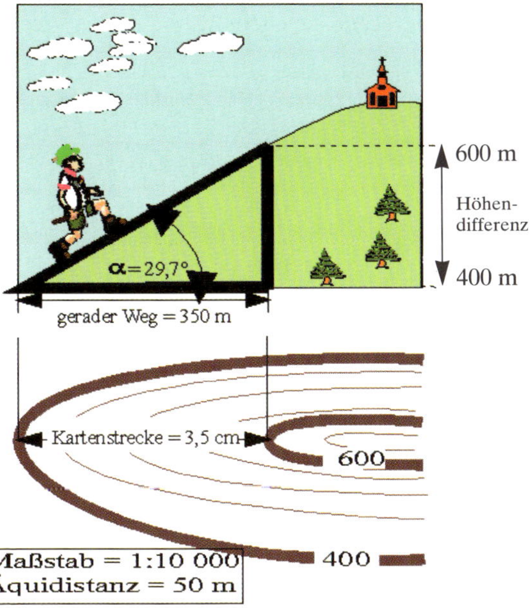

Steigung	Steigungsverhältnis	Steigungswinkel
		α
$\frac{200}{350} \bullet 100 = 57\%$	350:200 = 1:1,75	arctan (200:350)=29,7°

Abbildung 19 Steigung, Steigungsverhältnis, Steigungswinkel

Tabelle 5 Steigungswinkel und Wegverlängerung bei einer Bergbesteigung

Steigung in %	Steigungswinkel in Grad	Wegverlängerung in %	Steigung in %	Steigungswinkel in Grad	Wegverlängerung in %
5	2,9	0,1	35	19,3	5,9
10	5,7	0,5	40	21,8	7,7
15	8,5	1,1	45	24,2	9,7
20	11,3	2,0	50	26,6	11,8
25	14,0	3,1	55	28,8	14,1
30	16,7	4,4	60	31,0	16,6

Tabelle 6 Allgemeine Bezeichnungen und Beispiele für verschiedene Steigungen.

Steigung in %	Steigungswinkel in °	Bezeichnung	Beispiele/Bemerkungen
10	5,7	flache Steigung	vom Radfahrer nur mit Gangschaltung zu bewältigen
20	11,3	mittlere Steigung	Grenze für einen längeren Aufstieg mit Gepäck
30	16,7	steile Steigung	leichte bis mittelschwere Skiabfahrt
40	21,8	sehr steile Steigung	noch gangbar, mittelschwere Skiabfahrt
50	26,6	schroffe Steigung	Höchstgrenze bei Orientierungsläufen

8.6 Steigungsbestimmung mit Zirkel und Neigungsmaßstab

Zur grafischen Bestimmung benötigen wir einen Stechzirkel und den leider heute nicht mehr auf den Karten dargestellten Neigungsmaßstab. Bei dieser Methode wird mit dem Stechzirkel eine zwischen den gesuchten Höhenlinien liegende Strecke (Meßstrecke) abgegriffen. In dem zutreffenden Neigungsmaßstab (Maßstab, Höhendifferenz) wird dann die der Meßstrecke entsprechende Strecke gesucht. An ihrem Fußpunkt können wir den Steigungswinkel (Neigungswinkel) ablesen. Das etwas kompliziert aussehende Verfahren läßt sich leicht mit der Vorschrift 5 und an Hand der Abbildung 20 bewältigen.

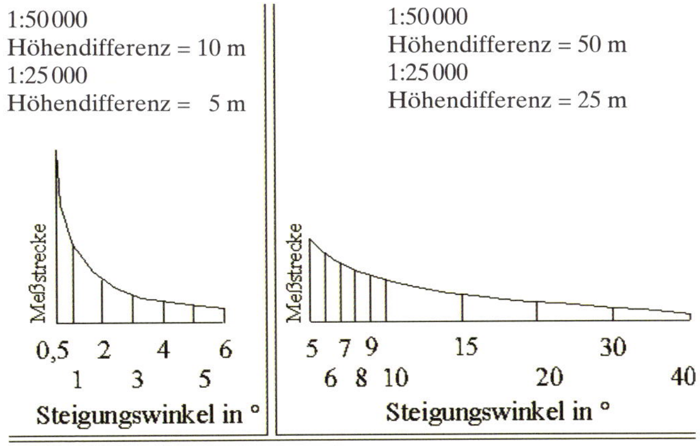

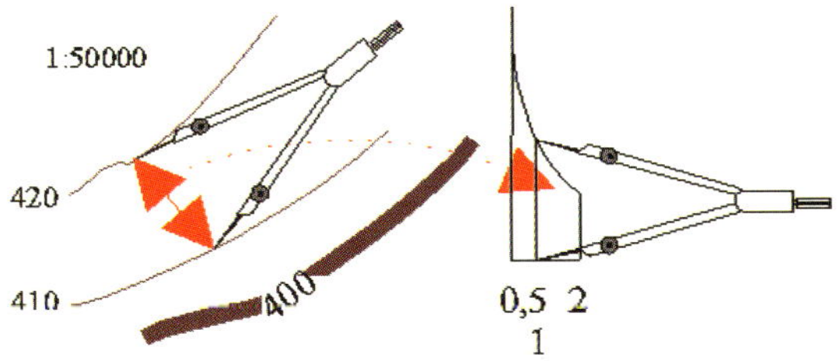

Da die Höhendifferenz 10 m (420–410) beträgt, ist bei dem Maßstab 1:50 000 der linke Maßstab zu benutzen. Dort lesen wir einen Steigungswinkel von 1° ab.

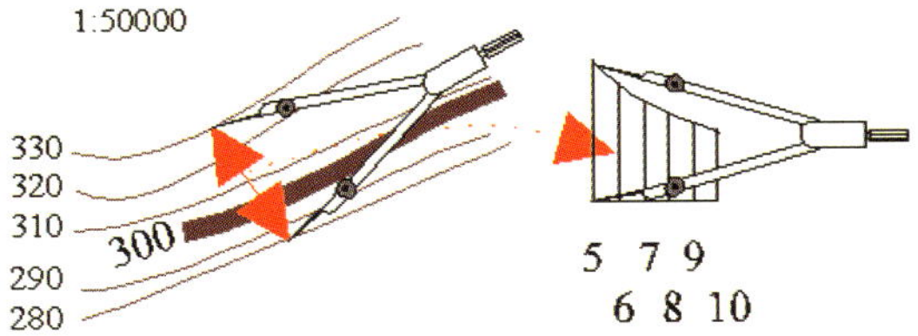

Da die Höhendifferenz 50 m (320–280) beträgt, ist bei dem Maßstab 1:50 000 der rechte Maßstab zu benutzen. Dort lesen wir einen Steigungswinkel von 5° ab.

Abbildung 20 Graphische Methode (mit Zirkel und Neigungsmaßstab) zur Bestimmung des Steigungswinkels

Regel 5 Graphische Bestimmung des Steigungswinkels

1. Wähle den für die Höhendifferenz und den Kartenmaßstab zutreffenden Neigungsmaßstab aus. (In der Abbildung 20 sind es 10 und 50 m bei einem Kartenmaßstab von 1:50 000)
2. Findet sich kein geeigneter, so ist die Höhendifferenz in Teilbereiche zu zerlegen (z. B. 200 m ergeben 4 Teilbereiche mit je 50 m). Der Steigungswinkel wird dann für jeden Teilbereich extra bestimmt.
3. Als nächstes wird mit einem Stechzirkel die der Höhendifferenz entsprechende Meßstrecke abgegriffen.
4. Gehe mit dem Stechzirkel in den ausgewählten Neigungsmaßstab und suche den senkrechten Abstand, der genau der Meßstrecke entspricht. An der Grundlinie kann dann der Steigungswinkel abgelesen werden.

8.7 Wanderbeispiel

Am Ende unserer Lektion können wir, mit dem nötigen Wissen versehen, sachkundig den Ausführungen der Wanderleiterin (Kapitel 8.1) folgen.

Deutlich ist am Parkplatz (Abbildung 21) der steile Aufstieg zu erkennen. Er läßt sich gut von den weiter östlich gelegenen flacheren unterscheiden. Die am Beginn der Wanderung bis zum Gedenkstein zu bewältigende Steigung ergibt sich aus der Höhendifferenz 380 – 180 = 200 m. Der folgende bequeme Weg läßt sich aus seinem konstanten Verlauf zwischen den Höhenlinien ablesen. Die Schlucht erkennen wir an den in die Richtung zum Berggipfel einbiegenden Höhenlinien. Wird vom Aussichtspunkt am Waldrand eine Linie nach Südosten gezogen, so finden wir dort keine Hindernisse, also freie Sicht.

Den weiteren Aufstieg auf einen Gradweg folgern wir aus der Abwendung der Höhenlinien vom Berggipfel. Die Einschränkung der Aussicht nach Süden ergibt sich aus der Höhenliniendarstellung des Trachenberges. Aufgrund des kleinen Kartenausschnittes setzen wir dabei eine freie Sicht nach Norden voraus. Der etwas steilere Abstieg zeigt sich an der dichten Folge der Höhenlinien.

Mit etwas Übung und Schulung unseres Vorstellungsvermögens lassen sich, wie unser Beispiel zeigt, die Wanderungen recht ordentlich planen.

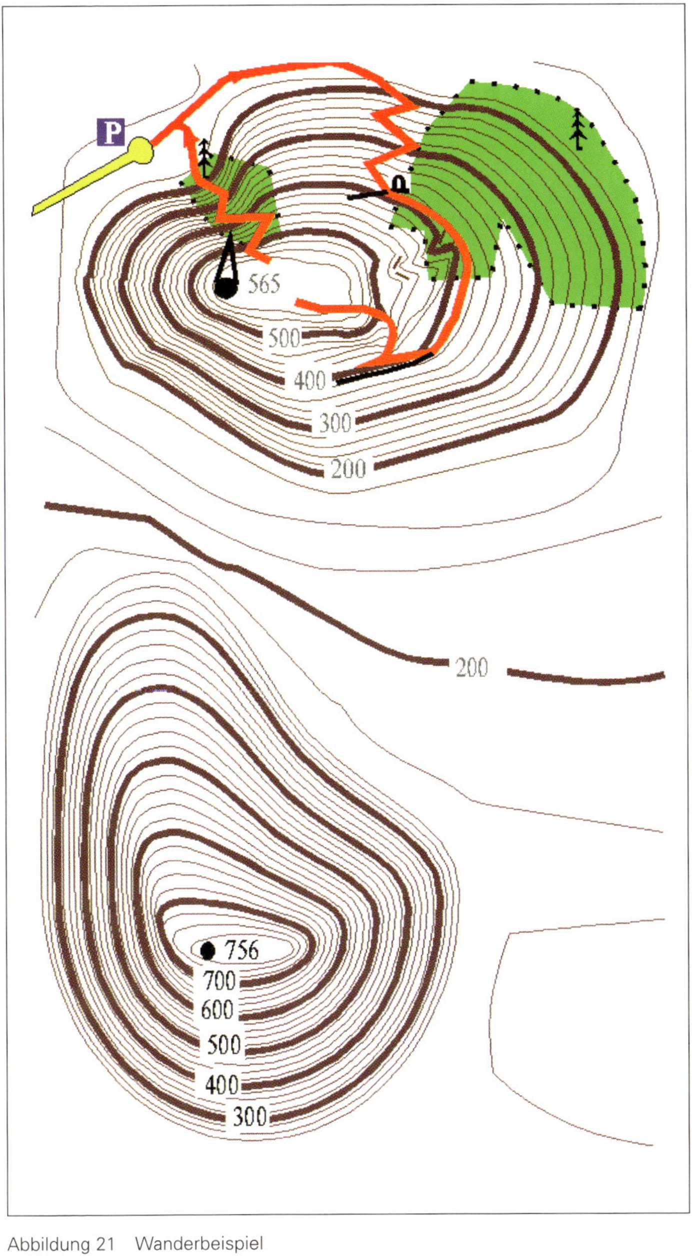

Abbildung 21 Wanderbeispiel

9 Der Kompaß

9.1 Aufbau

9.1.1 Magnetnadel

Das Herzstück des Magnetkompasses ist die frei schwingende, stabförmige Magnetnadel (Stahlnadel, Wolframnadel). Diese liegt leicht drehbar mit ihrem Schwerpunkt auf einer feinen Spitze.

● Magnetnadel

Das Nordende (Nordspitze) der Magnetnadel ist farblich markiert (blau oder rot, teilweise noch zusätzlich mit Leuchtfarbe versehen) und zeigt zum magnetischen Nordpol (MaN).

Da die magnetische Nordrichtung selten mit der geographischen Nordrichtung (GeN) zusammenfällt, ergibt sich eine Differenz. Diese wird, wie wir nun schon wissen, als Mißweisung (Deklination, Nadelabweichung) bezeichnet. Zunächst läßt sich aus der Lage der Magnetnadel nur die Nordrichtung bestimmen. Zur Ableitung der anderen Himmelsrichtungen benötigen wir eine kreisförmige Skala, die sogenannte Kompaßrose (Wind- oder Strichrose).

9.1.2 Kompaßrose, Skalenring und Winkeleinteilung

Trotz einiger Nachteile (keine Dezimalteilung) ist die 360° Einteilung auch heute noch die gebräuchlichste Skala. Die Zählung beginnt im Norden (0°), dann geht es im Uhrzeigersinn weiter: Osten bei 90°, Süden bei 180°, Westen bei 270°, schließlich fallen im Norden 360° und 0° zusammen. Der Skalenabstand beträgt üblicherweise 2°, oft aber auch 1° oder 5°.

Zur Anpassung an das Dezimalsystem wurde 1937 für das Vermessungswesen der Vollkreis in 400 Teile geteilt. Diese Eintei-

N	=Nord
NNO	=NordNordOst
NO	=NordOst
ONO	=OstNordOst
O	=Ost
OSO	=OstSüdOst
SO	=SüdOst
SSO	=SüdSüdOst
S	=Süd
SSW	=SüdSüdWest
SW	=SüdWest
WSW	=WestSüdWest
W	=West
WNW	=WestNordWest
NW	=NordWest
NNW	=NordNordWest

Abbildung 22 Kompaßrose

lung erhielt zuerst die Bezeichnung Neugrad. Heute ist die Bezeichnung Gon üblich. Der Vorteil der Einteilung ist der, genau 100 Gon große, rechte Winkel (Osten 100, Süden 200, Westen 300 und Norden 400 bzw. 0 Gon).

Neben diesen beiden Skalen finden wir auf einigen Kompassen noch die Strichteilung. Bei ihr wird der Vollkreis in 6000 oder 6400 Teile geteilt. Jeder Teil erhält die Bezeichnung Strich, mitunter auch mil. Da sich die großen Zahlenwerte nur schwer auf dem Skalenring unterbringen lassen, entfallen fast immer die letzten beiden Ziffern z. B. 30 an Stelle von 3000.

Tabelle 7 Einteilungen der Kompaßrose

Bezeichnung	Vollkreis	Nord	Ost	Süd	West
Grad °	360	0	90	180	270
Gon	400	0	100	200	300
Strich 6000'	6000	0	1500	3000	4500
Strich 6400'	6400	0	1600	3200	4800

Da wir im allgemeinen bei einem Übergang von der Karte in die Landschaft oder umgekehrt den Kompaß nicht wechseln, stören die unterschiedlichen Einteilungen (Grad, Gon, Strich) nicht. Nur wenn wir Kompasse oder Winkelmesser mit unterschiedlichen Skalen benutzen, sind Umrechnungen notwendig.

Tabelle 8 Umrechnungen der Winkeleinheiten

	Winkel	Gon	6000'	6400'
Winkel	–	1,111	16,667	17,778
Gon	0,900	–	15,000	16,000
6000'	0,060	0,067	–	1,067
6400'	0,056	0,062	0,937	–

Diese Umrechnungen setzen ganze oder dezimalgeteilte Winkeleinheiten voraus. Der Winkel 51° 24' 36'' ist deshalb erst in einen Dezimalbruch (siehe unten) umzurechnen (51° 24' 36'' = 51,41°).

Beispiel 6 Umrechnung der Winkeleinheiten

Mit unserem Winkelmesser, der eine Gon Einteilung besitzt, bestimmten wir einen Kurswinkel von 55 Gon. Welcher Kurswinkel berechnet sich 1. für einen Kompaß mit Grad Einteilung und 2. für einen mit einer 6400' Einteilung?

1. 55 · 0,900 = 49,5 gerundet 50°
2. 55 · 16 = 880'

Aber damit nicht genug. Sehr unterschiedlich wird bei der Gradeinteilung mit den, der ganzen Gradzahl folgenden Bruchteilen verfahren. Gebräuchlich sind Einteilungen in

Grad : Minute : Sekunde z. B. 51° 24' 36''
Grad : Minute : dezimal geteilte Minute z. B. 51° 24,6'
dezimal geteiltes Grad z. B. 51,41°

● **Gradeinteilung**

Befinden sich auf einer Karte oder einem Gerät (GPS-Empfänger) Koordinatenangaben, so ist stets auf die Grad-Einteilung (Grad : Minute : Sekunde bzw. Grad : dezimal geteilte Minute bzw. dezimal geteiltes Grad) zu achten.

Regel 6
Umrechnung von Winkeleinheiten in Dezimaleinheiten

1. *Umrechnung Grad:dezimal geteilte Minute in Grad : Minute : Sekunde*
Multipliziere Nachkommastellen mit 60; Ergebnis = Sekunden
z. B. 51° 30,10' = 51° 30' 6'' (0,10 · 60)

2. *Umrechnung Grad:Minute:Sekunde in Grad:dezimal geteilte Minute*
Dividiere Sekunde durch 60; Ergebnis = Grad:dezimal geteilte Minute
z. B. 51° 30' 6'' = 51° 30,10' (6 : 60)

3. *Umrechnung dezimal geteiltes Grad in Grad : Minute : Sekunde*
Multipliziere Nachkommastellen mit 60;
Ergebnis = Grad:dezimal geteilte Minuten
z. B. 40,51° = 40° 30,60' (0,51 · 60)
Multipliziere Nachkommastellen mit 60;
Ergebnis
= *Grad : Minute : Sekunde*
z. B. 40° 30,60' = 40° 30' 36'' (0,60 · 60)
40,51° = 40° 30' 36''

4. *Umrechnung Grad:Minute:Sekunde in dezimal geteiltes Grad*
Dividiere Sekunde durch 60; Ergebnis = Grad:dezimal geteilte Minute
z. B. 40° 30' 36'' = 40° 30,60' (36 : 60)
Dividiere Minuten durch 60; Ergebnis = dezimal geteiltes Grad
z. B. 40° 30,60' = 40,51° (30,60 : 60)
40° 30' 36'' = 40,51°

9.1.3 Kompaßdose

Damit die empfindliche Magnetnadel nicht beschädigt wird, ist sie in einem Gehäuse, der sogenannten Kompaßdose untergebracht. Diese wird zur Dämpfung der zappelnden Bewegungen der Magnetnadel oft mit einer Flüssigkeit (Fluidkapsel) gefüllt. Eine hohe Kompaßdose garantiert auch bei einer nicht exakt waagerechter Haltung des Kompasses ein zuverlässiges Einspielen der Magnetnadel. Als praktisch hat sich eine selbstreinigend gelagerte Kompaßdose erwiesen.

Je nach der Anbringung der Kompaßrose kann der Boden der Kompaßdose durchsichtig oder undurchsichtig sein. Befindet sich die Kompaßrose auf dem Boden, ist die Kompaßdose undurchsichtig. Befindet sie sich auf dem Skalenring (Kreisteilungsring) ist die Dose durchsichtig. Bei ihr sind auf dem Boden nur noch die Nord-Südlinien und der Nord-Südpfeil eingezeichnet. Dadurch läßt sich der Kurswinkel exakt bestimmen und unmittelbar, ohne Winkelablesung von der Karte in die Landschaft übertragen.

Leider verwenden die Produzenten zur Darstellung der Nordmarkierung auf der Kompaßrose oder dem Skalenring unterschiedliche Zeichen. So sind neben dem Nord-Südpfeil noch Strich-, Punkte- oder Pfeilmarkierungen gebräuchlich. Gelegentlich steht aber auch nur N für Nord.

Besitzt der Kompaß einen Mißweißungsausgleich, so wird er fast immer am Boden der Kompaßdose eingestellt. Benötigen wir zur Einstellung des Mißweißungsausgleiches ein spezielles Werkzeug, so sollte sich dieses am Kompaß oder an der Tragschnur befinden.

9.1.4 Mißweisungsausgleich

Ist der Kompaß nur für einen Gebrauch in Mitteleuropa vorgesehen, so kann der Mißweisungsausgleich entfallen. Soll er uns aber auf Reisen in ferne Länder begleiten, wäre ein verstellbarer Mißweisungsausgleich angebracht. Wir brauchen dann nicht bei jeder Kompaßmessung – was auch schnell zu vergessen ist – eine Mißweisungskorrektur vorzunehmen.

Das Prinzip des Mißweisungsausgleiches beruht auf einer Verschiebung der Nordmarke gegenüber den Nord-Südlinien.

9.1.5 Visiervorrichtung

Viele Kompasse verfügen über eine mehr oder weniger gute Visiereinrichtung. Günstig sind Kimme und Korn. Auch ein Spiegel leistet gute Dienste. Durch ihn lassen sich bei gleichzeitiger Beobachtung der Magnetnadel Landschaftspunkte anpeilen. Befindet sich der Spiegel unter der Kompaßdose, erfolgt – was aber nicht unbedingt notwendig ist – eine seitengetreue Abbildung. Dagegen hat sich ein stufenlos schwenkbarer Spiegel bewährt.

Besitzt der Kompaß nur einfach Kimme und Korn, kann es bei der Visierung von höher oder tiefer gelegenen Zielen Probleme geben. Deshalb sind Kompasse mit einem langgezogenen Korn, Peillinie oder Visierschlitz zweckmäßiger.

9.1.6 Konstruktive Gestaltung

Außer dem Schülerkompaß, Armbandkompaß und einigen speziellen Modellen ähneln sich die modernen Kompasse in der konstruktiven Gestaltung. Auf einer durchsichtigen Kunststoff-Grundplatte befindet sich die drehbare Kompaßdose mit durchsichtigem Boden und die Visiervorrichtungen (Richtungspfeile). Lange Längskanten der Grundplatte (Anlegekanten) erlauben, – ohne das Zeichnen von Hilfslinien – das Verbinden von zwei Kartenpunkten. Mitunter müssen aber auch die langen Anlegekanten erst durch das Umlegen des Deckels (Spiegel) geschaffen werden. Nützlich ist eine Millimeterskala auf der Anlegekante.

Oft sind auf der Grundplatte Vergrößerungsgläser (eine 3,5fache Vergrößerung reicht aus), Dreiecks- und Rundlöcher (6 bis 8 mm Durchmesser) für Kontrollmarkierungen, Kartenmaßstäbe und Schrittzählvorrichtungen (selbstklebende) angebracht. Letztere dienen allerdings nur als Gedächtnisstütze beim Schrittzählen. Wer einen Schrittzähler besitzt, benötigt keine Schrittzählvorrichtung.

Komfort bieten Richtungspfeile und Magnetnadeln, die mit Leuchtpunkten versehen sind, und Grundplatten mit rutschhemmenden Gummipuffern.

9.1.7 Klinometer (Neigungswinkelmesser)

Der bei manchen professionellen Kompassen zur Bestimmung von Steigungen und Gefälle eingebaute Klinometer wird beim Wandern kaum benötigt.

9.2 Die gebräuchlichsten Kompaßmodelle

Das Angebot an Wanderkompassen ist recht umfangreich. Die Palette reicht von dem einfachen Jugend- und Taschenkompaß bis zu dem recht aufwendigen, teuren, mitunter als Bussole bezeichneten Peilkompaß.

9.2.1 Jugend- und Taschenkompaß

Die einfachsten und damit auch die preiswertesten Modelle sind die Jugend- und Taschenkompasse. Sie sind vorwiegend rund und besitzen oft einen undurchsichtigen Boden. Mit so einem Kompaß kann man schon die Himmelsrichtungen feststellen und die Landkarte in der Landschaft ausrichten. Problematisch ist die Kurswinkelbestimmung und Landschaftspunktvisierung.

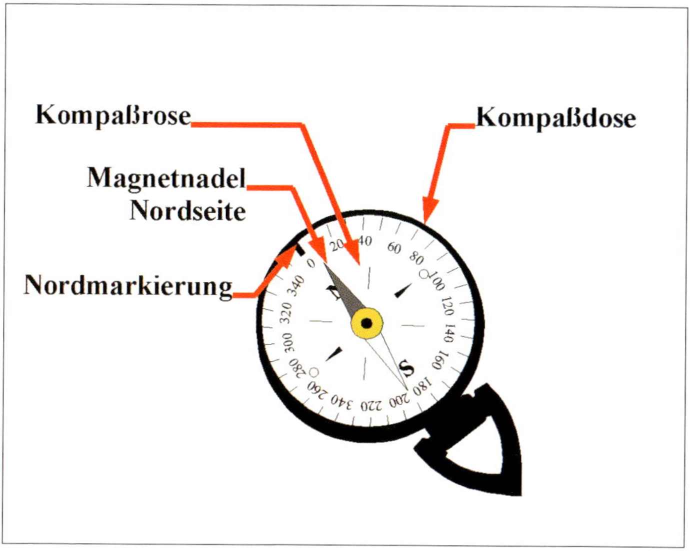

Abbildung 23 Einfacher Taschen- oder Jugendkompaß

9.2.2 Moderner Wanderkompaß

Unter einem modernen Wanderkompaß – auch als Plattenkompaß oder Linealkompaß bezeichnet – verstehen wir heute einen mit einer rechteckigen durchsichtigen Grundplatte, einer durchsichtigen, drehbaren Dose und einem verstellbaren Skalenring versehenen Kompaß. Lange Anlegekanten, ölgedämpfte Magnetnadel, Nord-Süd-Linien mit Kurspfeil und Lineale mit Kartenmaßstab sind weitere Merkmale. Auch ein verstellbarer Mißweisungsausgleich gehört dazu.

Nur bei der Peilung von kleinen Objekten (Fernpunkte) ist er etwas ungenauer und unbequemer zu handhaben als ein Spiegelkompaß. Allerdings besitzt er diesem gegenüber den Vorteil, daß er mit einer Hand zu bedienen und natürlich auch preiswerter ist.

9.2.3 Spiegelkompaß

Neben den klassischen Marschkompaßmodellen setzt sich auch hier immer mehr die moderne Bauweise durch. Die früher oft benutzten Spiegelkompasse wie der Bézard-Kompaß, Busch-Kompaß, Büchie-Bussole kommen immer mehr aus der Mode. Im grundsätzlichen Aufbau entsprechen die modernen Spiegelkompasse weitestgehend den modernen Plattenkompassen.

Der Spiegel läßt sich je nach dem Modell im Intervall oder stufenlos verstellen. Bei der empfehlenswerten stufenlosen Verstellung sollte der Spiegel nach der Einstellung straff sitzen. Ein auf dem Spiegel angebrachter Mittelstrich erleichtert die Visierung.

9.2.4 Armbandkompaß

Wie schon sein Name sagt, handelt es sich bei dieser Art um einen handlichen, robusten, mit einem Armband um das Handgelenk getragenen Kompaß. Eigentlich ist es nur eine flüssigkeitsgefüllte Kompaßdose. Auf ihrem undurchsichtigen Boden sind je nach der Bauart entweder die Kompaßrose oder die Nord-Südlinien angebracht. Die runde Kompaßdose selbst läßt sich drehen und rastet (sehr wichtig) bei vielen Modellen in Intervallen ein. Einige Modelle besitzen an der Kompaßdose noch ein Ablesefenster und ein Visier zur exakten Ausrichtung. Der Kurspfeil (Orientierungspfeil) ist entweder auf dem Boden oder auf dem Deckel der Kompaßdose angebracht.

Aufgrund der runden Form und undurchsichtigen Kompaßdose, läßt sich der Kurswinkel etwas ungenauer und mühsamer als mit einem Plattenkompaß bestimmen. Anwendung findet der Kompaß beim Radfahren, Autofahren, Skiwanderungen, Surfen, OL-Wettkämpfen.

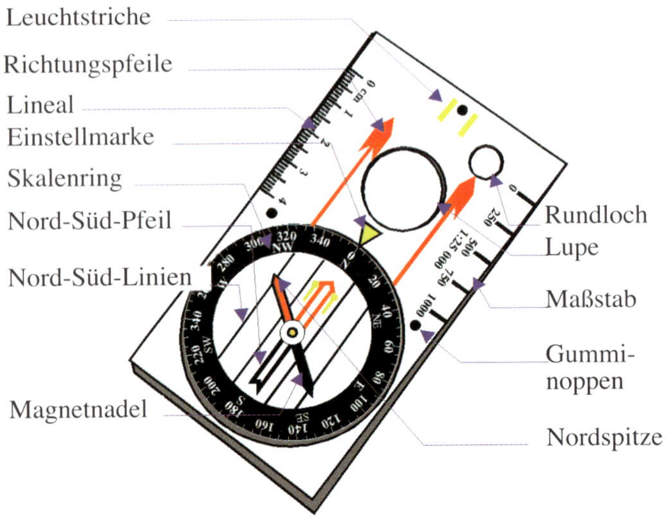

Abbildung 24 Moderner Plattenkompaß

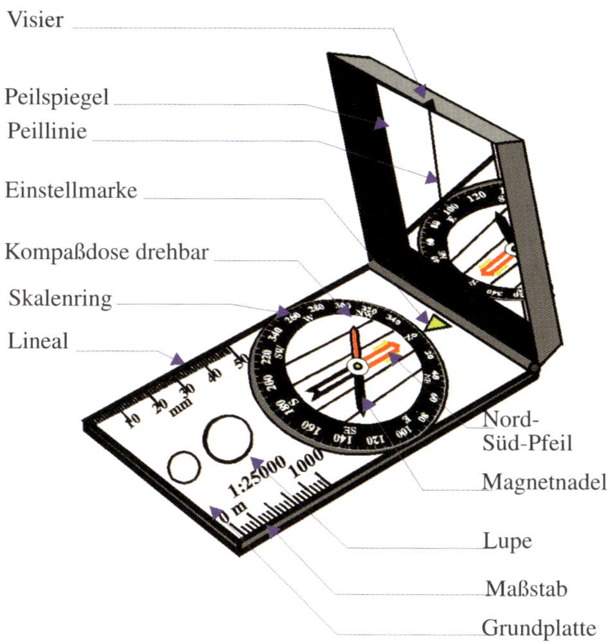

Abbildung 25 Moderner Spiegelkompaß

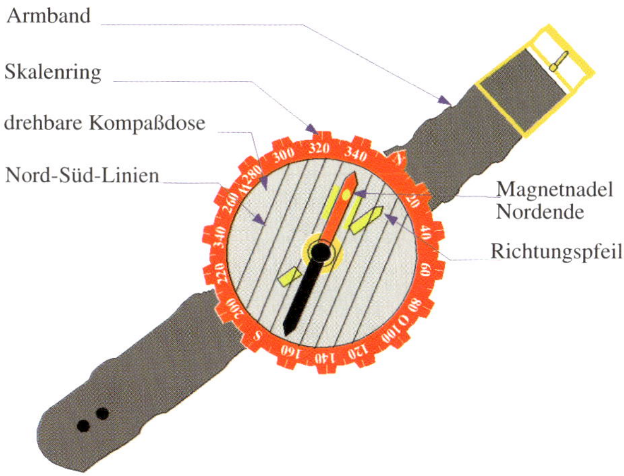

Abbildung 26 Armbandkompaß

9.2.5 Daumenkompaß

Der speziell für Teilnehmer an Orientierungswettkämpfen entwickelte Kompaß sitzt fest am Daumen. Hält man die Karte in der rechten, freien Hand, so befinden sich immer Karte und Kompaß im Blickfeld. Eine annähernde Kursbestimmung läßt sich mit der drehbaren Kompaßdose vornehmen.

9.2.6 Kompaßuhr

Die als neustes Produkt der High-Technik auf den Markt gekommene Kompaßuhr ist eine für den Wanderer recht interessante Kombination einer Armbanduhr mit einem Kompaß. Gegenüber den herkömmlichen analogen Kompassen erfolgt die Anzeige digital.

Nach der Betätigung eines Startknopfes wird eine Messung ausgelöst. Im Display wird der Winkel angezeigt, den der Richtungspfeil weist. Außerdem erscheint noch die Richtungsangabe entsprechend der Windrose (z. B. N, NW, NNW). Zu beachten sind, die meist in englisch angegebenen Richtungen. Also, N = Nord, E = Ost, S = Süd, W = West. Die Handhabung ist ähnlich wie bei einem Armbandkompaß. Mit etwas Übung lassen sich recht genaue Werte bestimmen. Ein unübersehbarer Vorteil ist der eingebaute Speicher mit bis zu 5 Speicherplätzen. Jeder ermittelte Kurswinkel läßt sich sofort abspeichern. Meist ver-

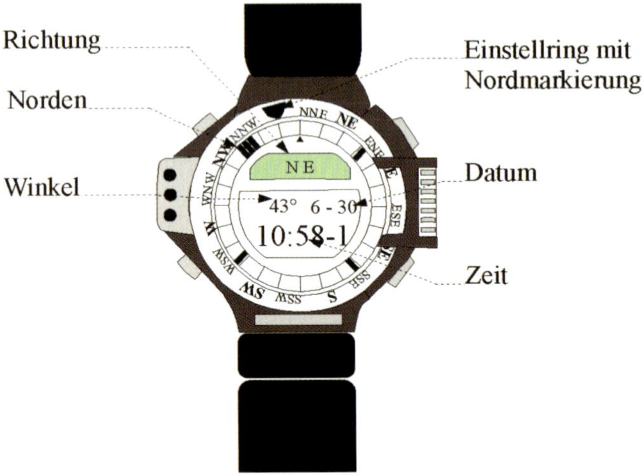

Abbildung 27 Kompaßuhr

fügen die Kompaßuhren – was ebenfalls dem Wanderer entgegenkommt – über einen Höhenmesser und Temperaturanzeige. Alles in allem ein recht nützliches Gerät, welches in Zukunft dem klassischen Kompaß Konkurrenz machen wird.

9.3 Was ist bei dem Kauf eines Kompasses zu beachten?

Für einen Einsteiger ist es heute gar nicht so einfach, aus der Fülle der Angebote den richtigen Kompaß auszuwählen. Soll es nur ein einfacher Kompaß oder kann es auch nach dem Motto »Einen Kompaß kauft man sich nur einmal im Leben« ein ordentlicher Wanderkompaß sein. In jedem Fall ist ein einfacher Schülerkompaß immer noch besser als gar keiner. Neben dem Geldbeutel sollte insbesondere die vorgesehene Anwendung Beachtung finden.

Nutzen wir den Kompaß nur bei Wanderungen in Mitteleuropa, so kann auf einen Mißweisungsausgleich verzichtet werden. Wandern wir vorwiegend im Flachland und Mittelgebirge, so braucht es nicht unbedingt ein Spiegelkompaß zu sein. Gebrauchen wir den Kompaß zur Erschließung neuer Wandergebiete im Urlaub oder zur Orientierung im Gebirge, wäre ein Spiegelkompaß mit Mißweisungsausgleich angebracht. Einen Armband- oder Daumenkompaß werden sich speziell die OL-Wettkampfteilnehmer zulegen. Auch ein Peilkompaß ist etwas für die Profis.

Als unprofessionelle Wanderer sollten wir uns für einen modernen Platten- oder Spiegelkompaß entscheiden. Da es auch bei diesen beträchtliche Qualitätsunterschiede gibt, sind folgende Hinweise wichtig. Empfehlenswert ist eine rechteckige, durchsichtige Grundplatte mit langen Anlegekanten (mm-Lineal), eine Kompaßdose mit durchsichtigem Boden und eine stabförmige, flüssigkeitsgedämpfte Magnetnadel. Die Nord – Südlinien und der Richtungspfeil müssen auf dem Kompaßdosenboden oder -deckel eingeprägt sein. Problemlos muß sich die Kompaßdose drehen lassen. Dabei muß der Widerstand so groß sein, daß eine unbeabsichtigte Verstellung ausscheidet. Besitzt der Kompaß einen verstellbaren Mißweisungsausgleich, darf sich dieser ebenfalls nicht beim Wandern verstellen. Als Kreisteilung ist – trotz einiger Nachteile – die Gradeinteilung vorzuschlagen. Gut lesbare und wischfeste Skalen sind weitere Voraussetzungen für einen hohen Gebrauchswert. Was nützt schon der beste Kompaß, wenn die Skalen verwischen? Angebracht ist eine robuste Ausführung. Ohne seine Funktionstüchtigkeit einzubüßen, dürfte ein Kompaß schon einmal herunterfallen.

Das übrige Beiwerk wie Ableselupe, Planzeiger, Gummipuffer, Löcher für Kontrollmarkierungen, Kartenmaßstäbe und Schrittzählvorrichtungen sind nicht unbedingt erforderliche Arbeitserleichterungen.

Für Freunde der High-Technik käme auch eine Kompaßuhr in Betracht. Die etwas umständliche Kurswinkelbestimmung wird durch digitale Winkelausgabe voll ausgeglichen. Zusätzliche Speicher, Höhen- und Temperaturangaben sind nicht zu verachtende Beigaben. Ein eingebautes Barometer erlaubt sogar eine Wettervorhersage. Ist der Kauf einer neuen Armbanduhr vorgesehen, sollte man sich doch etwas näher mit der Kompaßuhr befassen.

9.4 Bedienfehler

Vor der Nutzung eines Kompasses sollten wir die möglichen Fehlerquellen kennen. Nur so können wir uns vor einem falschen Gebrauch schützen. Die meisten Fehler, die bei der Handhabung des Kompasses vorkommen, sind ganz simple Ablesefehler (Südseite der Magnetnadel nach der Nordmarke ausrichten). Es ist gar nicht so selten, daß ein Wanderer aufgrund eines Ablesefehlers in die Gegenrichtung lief. Auch ein Profi ist davor nicht sicher. Also, lieber doppelt hinsehen und sich Zeit nehmen.

Der zweite große Fehler, ist die unbeabsichtigte Verstellung des Kurswinkels oder der Mißweisung.

Tip 14 Kurswinkelüberprüfung
Folgen wir einem am Kompaß eingestelltem Kurswinkel, so ist von Zeit zu Zeit zu prüfen, ob er noch stimmt.

Ein weiterer Fehler ist das Verkanten des Kompasses. Er tritt besonders auf, wenn der Zielpunkt merklich höher oder tiefer als der eigene Standpunkt liegt. Wegen des schräggestellten Kompasses kann dann ein Ende der Magnetnadel am Boden der Kompaßdose schleifen. Ebenfalls ist eine Kompaßuhr bei der Messung stets waagerecht zu halten.

● **Kompaßhaltung**
Der Kompaß ist immer annähernd waagerecht zu halten.

Auch wenn sich der Kompaß in waagerechter Lage befindet, kann die Magnetnadel plötzlich infolge einer elektrostatischen Aufladung nach dem Boden der Kompaßdose zeigen. Durch ein kurzes Anhauchen der Kompaßdose läßt sich der Fehler leicht beheben.

Folgenschwer ist dagegen schon ein falsch eingestellter Mißweisungsausgleich. Besser ist es an Hand der Tabelle 9 noch einmal die richtige Einstellung zu kontrollieren.

Tabelle 9 Korrektur der Mißweisung (Mißweisungsausgleich)

westliche Mißweisung	östliche Mißweisung
Mißweisungsausgleich muß links von der Nordmarkierung stehen	Mißweisungsausgleich muß rechts von der Nordmarkierung stehen

Der Parallaxenfehler von Spiegelkompassen entsteht, wenn das vom Spiegel reflektierte Bild schräg auf die Kompaßdose fällt. Richten wir den Kurspfeil parallel zur Magnetnadel aus, korrigiert sich dieser Fehler automatisch.

Ein Fehler, der bei einem in Deutschland erworbenem Kompaß nur außerhalb von Europa auftritt, ist der Inklinationsfehler.

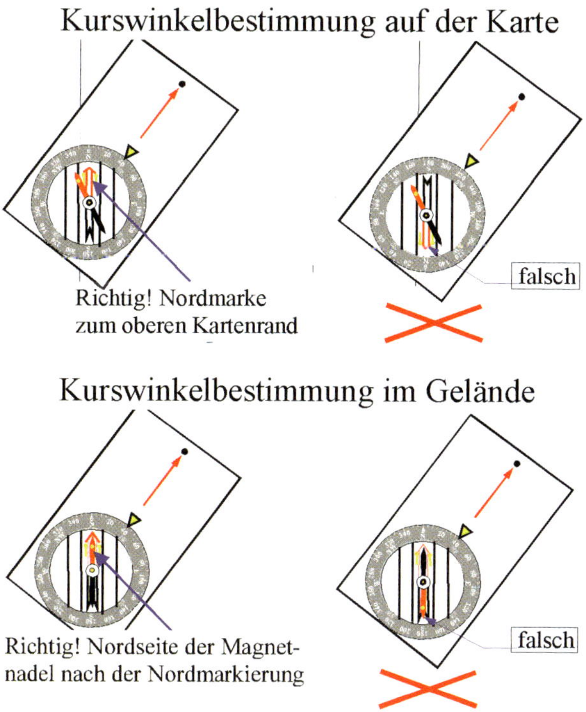

Abbildung 28 Ablesefehler

Er wird verursacht, wenn durch die Einwirkung von magnetischen Feldern die Magnetnadel aus der waagerechten Lage kippt und am Boden der Kompaßdose schleift. Vor einer Fernreise kann ein Blick in die Bedienungsanleitung nicht schaden. Notfalls müssen wir uns bei dem Kompaßhersteller nach den zu erwartenden Inklinationsfehlern erkundigen.

Der durch Magneten, magnetische Werkstoffe oder elektrische Felder verursachte Ablenkungsfehler kann sich verheerend auswirken.

● Ablenkungsfehler

Bei dem Gebrauch eines Kompasses dürfen sich keine magnetischen Werkstoffe wie z. B. Metalldosen, Werkzeuge, Messer, Karabinerhaken, Eispickel oder elektrische Geräte wie z. B. Radio, Walkman-Kassettenrekorder, Tonband, Fotoapparat in der Nähe befinden.

Bei elektrischen Starkstrom-Anlagen wie Gleichstrombahnen, Gittermasten, Seilbahnen ist ein Abstand von einigen hundert Metern notwendig. Eisenbetonbauten erfordern ebenfalls einen großen Abstand. Auch erzhaltige Gebiete (Störungsgebiete) oder vulkanische Gesteine können eine Ablenkung der Magnetnadel bewirken.

Abbildung 29 Diese Objekte können einen Ablenkungsfehler verursachen

Besteht Unsicherheit, ob ein Ablenkungsfehler vorliegt, ist es ratsam, den Kompaß in etwa zwei Meter Entfernung auf den Boden zu legen und nochmals die Magnetnadelstellung zu kontrollieren. Allerdings funktioniert es nur, wenn wir die Ursache der Ablenkung mit uns tragen. Das Schlimmste, was einem Kompaß passieren kann, ist die Ummagnetisierung der Magnetnadel.

● **Ummagnetisierung**
Niemals den Kompaß im Bereich von starken elektrischen Feldern wie beispielsweise Lautsprecher aufbewahren.

10 Der Schrittzähler

10.1 Anwendung

Bei Wanderungen im ebenen oder leicht hügeligen Gelände ist der Schrittzähler (Pedometer) neben dem Kompaß das wichtigste Orientierungsinstrument. Nur im Gebirge hilft er uns wegen der unterschiedlichen Schrittweite wenig. In seiner Bedeutung wird er dann vom Höhenmesser abgelöst.

Natürlich dürfen die Erwartungen auch nicht zu hoch angesetzt werden. Metergenau ist die Methode bestimmt nicht. Wer aber einmal mit dem Schrittzähler gearbeitet hat, wird trotzdem über seine Zuverlässigkeit erstaunt sein und ihn ungern missen.

10.2 Aufbau

Der Schrittzähler besitzt als Kernstück eine Unwucht. Diese reagiert auf die beim Schreiten entstehenden schwingenden Bewegungen. Ein mechanisches oder elektronisches Zählwerk addiert dann die Ausschläge.

Registriert werden also nur die Anzahl der Schritte. Diese müssen mit einem persönlichen Schrittmaß in eine Wegstrecke umgerechnet werden. Nach der Einstellung des persönlichen Schrittmaßes erledigt der Schrittzähler die Umrechnung automatisch.

10.3 Persönliches Schrittmaß

Zur einwandfreien Arbeit mit dem Schrittzähler muß das persönliche Schrittmaß bekannt sein. Dieses hängt wiederum von der Körpergröße und von der Art der zu bewältigenden Strecke ab. Bei einer Bergbesteigung werden wir kleinere Schritte als auf einem ebenen Wanderweg machen. Sind wir ermüdet, wird sich ebenfalls unserer Schrittmaß verringern. Beim Abstieg wird es sich dagegen vergrößern.

Weiterhin ist zu beachten, daß, auch wenn wir nicht wandern und nur den Schrittzähler bewegen, er weiterzählt. Aus diesem Grund sollten wir bei einer Rast oder bei einem Abstecher die angezeigten Werte notieren bzw. den Schrittmesser ablegen.
Haben wir unser persönliches Schrittmaß noch nicht bestimmt, so können wir näherungsweise die in der Tabelle 10 angeführten Werte einsetzen.

Die genaue Ermittlung des persönlichen Schrittmaßes erfolgt durch Abschreiten einer in seiner Länge bekannten Strecke mit Doppelschritten. Ein Doppelschritt wird immer beim Aufsetzen des linken Fußes gezählt. Als definierte Strecken bieten sich die Abstände zwischen zwei Kilometersteinen, die Länge einer Aschenbahn (meist 400 m) oder eines Fußballfeldes (105 x 70 m) an. Aus der abgewanderten Wegstrecke und der Anzahl der gezählten Doppelschritte berechnet sich das persönliche Schrittmaß wie folgt:

$$\text{pers. Schrittmaß (m)} = \frac{\text{Wegstrecke (m)}}{\text{Doppelschritte} \cdot 2}$$

Zur Umrechnung können wir auch die in der Anlage angeführte Leitertafel benutzen.

Tabelle 10 Schrittmaß

Körpergröße in cm	Wandern Schrittmaß in m			Joggen Schrittmaß in m	
	Wanderweg	offenes Gelände	schweres Gelände	Wanderweg	offenes Gelände
140	0,50	0,39	0,35	0,55	0,43
150	0,55	0,43	0,39	0,60	0,47
160	0,65	0,50	0,46	0,75	0,58
170	0,75	0,58	0,53	0,90	0,70
180	0,80	0,62	0,57	1,00	0,78
190	0,85	0,66	0,60	1,10	0,85
200	0,90	0,70	0,64	1,15	0,89

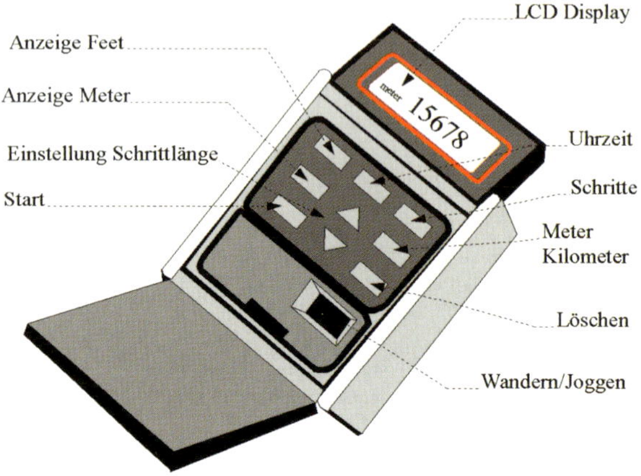

Abbildung 30 Elektronischer Schrittzähler (aufgeklappt)

Beispiel 7 Persönliches Schrittmaß
Zur Erstellung eines persönlichen Schrittmaßes wurden auf einer Strecke von 200 Metern, 125 Doppelschritte gezählt. Wie groß ist das persönliche Schrittmaß?

$$\frac{200}{125 \cdot 2} = 0{,}80 \text{ m}$$

10.4 Berechnung der Wegstrecke

Besitzt unser Schrittzähler keine automatische Umrechnung der Schrittzahl in die Wegstrecke, so ist eine Umrechnung vorzunehmen.

Beispiel 8 Umrechnung Schrittmaß
Ein Schrittzähler ohne Umrechnung zeigt 250 Schritte an. Wie groß ist die gewanderte Strecke, wenn das persönliche Schrittmaß 0,80 m beträgt.
$250 \cdot 0{,}80 = 200$ m

10.5 Benutzungshinweise

Wer sein persönliches Schrittmaß kennt und den Schrittzähler richtig trägt, für den gibt es bei der Benutzung des Schrittzählers keine Probleme.

Tip 15 Tragen des Schrittzählers
Trage den Schrittzähler nach Möglichkeit am Gürtel, Hosen- oder Rockbund, ausnahmsweise auch in einer Brusttasche.

10.6 Was ist beim Kauf eines Schrittzählers zu beachten?

Empfehlenswert ist der Kauf eines elektronischen Schrittzählers. Er sollte über eine Einstellung des persönlichen Schrittmaßes und einer automatischen Umrechnung der Schrittzahl in die Wanderstrecke verfügen. Wer Jogging betreibt, wird sich einen Schrittzähler mit einer entsprechenden Umschaltmöglichkeit zulegen.

Abbildung 31 Richtiges Tragen des Schrittzählers

11 Der Höhenmesser

Bei Gebirgswanderungen ist der Höhenmesser neben dem Kompaß das wichtigste Orientierungsgerät. Er erleichtert im Gebirge wesentlich die Standortbestimmung und zeigt, welche Anstrengungen noch vor uns stehen.
Da sich der Zustand der Atmosphäre ständig ändert, läßt diese Methode nur eine ungefähre Höhenbestimmung zu, etwa auf 10–20 m genau. Trotzdem ist sie für den Wanderer aufgrund des unkomplizierten Verfahrens die einzig mögliche Methode. Auch ein GPS-Empfänger liefert keine besseren Ergebnisse.

● **Höhenmesser**

Bei Hochdruckwetter (Schönwetter) wird eine zu geringe, bei einem Tiefdruckwetter (Schlechtwetter) eine zu große Höhe angezeigt.

Zur Vermeidung von groben Anzeigefehlern muß vor jeder Wanderung der Höhenmesser neu eingestellt werden. Auch während der Wanderung ist er so oft wie möglich zu korrigieren. Man sollte sich gleich angewöhnen, wenn man an einem geeigneten Punkt vorbeikommt, dessen genaue Höhe aus der Karte ersichtlich ist, jedes Mal den Höhenmesser zu kontrollieren, spätestens aber nach 300 Metern Höhendifferenz (An- oder Abstieg) bzw. alle 2 Stunden. Zum Nachstellen eignen sich Trigonometrische Bodenpunkte oder die in das Mauerwerk (Bahnhöfe, Schulen, Ämter) eingesetzten eisernen Bolzen mit einer genauen Höhenangabe (Höhenmarken). Finden sich keine geeigneten Objekte, müssen wir den eigenen Standort an Hand der Karte exakt ermitteln und aus dem Verlauf der Höhenlinien die dortige Höhe bestimmen.

Da der Höhenmesser die Luftdruckänderungen registriert, eignet er sich auch zur Wettervorhersage.

Tip 16 Wettervorhersage

Verändert sich die Höhenmesseranzeige, ohne daß wir unseren Standort verlassen haben (z. B. während der Nacht), so gibt es:

wenn die Höhenmesseranzeige steigt (Luftdruck sinkt) eine Wetterverschlechterung

wenn die Höhenmesseranzeige fällt (Luftdruck steigt) eine Wetterbesserung

Bei einem unerwartet schnellen Abfall des Luftdruckes während der Wanderung sollten wir uns schleunigst nach einem Unterschlupf umsehen. Denn dann ist mit einem Sturm zu rechnen.

Im Handel befinden sich mechanische und elektronische Höhenmesser. Wobei sich der elektronische immer mehr durchsetzt.

Die mechanischen Geräte benutzen zur Anzeige einen Zeiger. Zur Ablesung der Zeigerstellung klopft man vorher leicht auf das Glas und hält das Gerät waagerecht. Bei elektronischen Geräten ist es nicht notwendig. Diese bieten zudem noch weiteren Komfort wie Wettervorhersage, Speicherung von Maximal-/Minimalwerten, Höhen- und Zeitdifferenz zum Startpunkt, Sturmwarnanzeige, Höhenprofil (zurückgelegte Höhenmeter), Auf- und Abstiegsgeschwindigkeit, Zeit- und Höhenalarm. Recht brauchbar ist auch die Kompaßuhr mit eingebautem Höhenmesser.

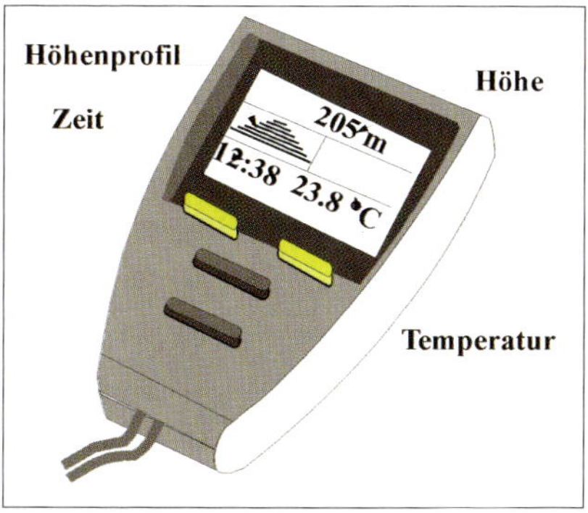

Abbildung 32
Moderner elektronischer Höhenmesser

12 Die neue Kompaß-Generation »GPS«

Sie wollen sich nicht mehr verlaufen, Sie sind bereit etwas mehr als 160 € und genügend Einarbeitungszeit zu investieren, dann ist ein GPS-Empfänger das Richtige. Mit diesem Gerät können Sie auf der ganzen Welt Ihren Standort auf 10–50 Meter genau bestimmen. Ebenso führt Sie der Empfänger exakt zu einem vorgegebenen Ziel. Sie können Einzelziele zu einer Wanderung (Route) zusammenstellen und diese problemlos mit Hilfe des GPS-Empfängers abwandern. Weitere nützliche Funktionen wie genaue Uhrzeit, Höhenanzeige, Geschwindigkeitsanzeige, Zielankunftszeit, gewanderte Kilometer erhöhen den Gebrauchswert. Eine Kopplung mit dem PC oder Handheld PCs ist möglich. Alles in allem es ist der Kompaß der Zukunft.

12.1 Der GPS-Empfänger

Obwohl der GPS-Empfänger nur die Größe eines Handys besitzt, ist er ein vollwertiger Satellitenempfänger mit einer Rechner- und Anzeigeeinheit. Das Gerät ermöglicht rund um die Uhr an jedem Ort der Erde die genaue Positionsbestimmung.

Im Aufbau unterscheiden sich die Modelle kaum. So hat jeder Empfänger ein Display, Wahltasten zur direkten Ansteuerung einer Funktion und zum Blättern von einer Seite zur anderen. Auch der einfachste Empfänger zeigt die Position, den Kurs, die Peilung zum Zielpunkt, die aktuelle Geschwindigkeit, die Entfernung zum Ziel und die verbleibende Zeit bis zum Ziel an, oft noch die Höchstgeschwindigkeit, Durchschnittsgeschwindigkeit und zurückgelegte Wegstrecke. Sämtliche GPS-Empfänger gestatten die Speicherung von Wegpunkten und die Zusammenstellung von Wegpunkten zu Routen.

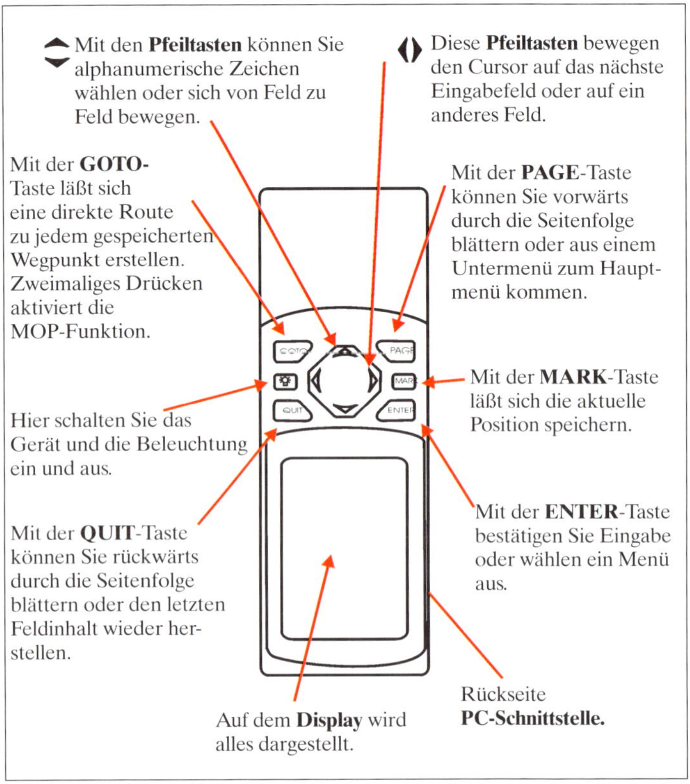

Abbildung 33 Prinzipskizze eines GPS-Empfängers

Heute verfügen die GPS-Empfänger größtenteils über ein graphisches Display. Damit lassen sich schon Routenskizzen mitunter sogar Landkarten darstellen. Neben dem einfachen Schwarz-

Weiß Display bietet der Handel auch Geräte mit einem Farbdisplay an. Die Positionsseite (bei manchen Empfängern mit der Satellitenseite zusammengefaßt) zeigt den aktuellen Standort und häufig auch die Bewegungsrichtung graphisch, den Kurs, Geschwindigkeit und Reisekilometer numerisch an. Die Kartenseite dient der Darstellung der aktuellen Position, der Strecke des zurückgelegten Weges, der naheliegenden Wegpunkte und aktuellen Route. Die Peilung, Entfernung und Zeit bis zum gewählten Wegpunkt steht auf der Navigationsseite. Oft ergänzt durch eine graphische Ansicht der Kompaßrose. Fast sämtliche Geräte sind mit einer auf der Rückseite angebrachten I/O-Schnittstelle zum Anschluß eines Computers ausgestattet.

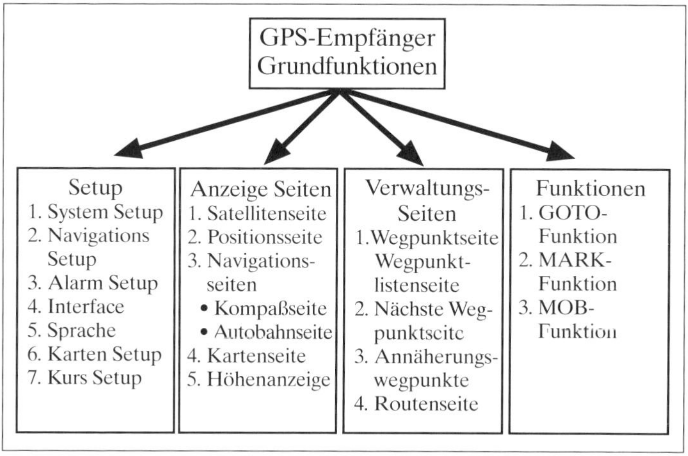

Abbildung 34 Grundfunktionen der GPS-Empfänger

12.2 Die Arbeit mit dem GPS Empfänger

Zunächst müssen wir eine Betriebsart (Normalmodus, Stromsparmodus, Simulatormodus) wählen. Anschließend wird im Navigationssetup das Koordinatensystem eingestellt. Durchweg ist die geographische Breite und Länge in Grad und Minuten voreingestellt. Weiterhin ist es möglich, Grad, Minuten und Sekunden zu wählen, oder nur Grad sowie das UTM/UPS-System und eine Reihe von nationalen Gittern wie das Gauß-Krüger-Gitter. Letzteres läßt sich allerdings nicht bei jedem GPS-Empfänger einstellen.

Eine große Bedeutung besitzt das Kartendatum. Ein falsch eingestelltes Kartendatum führt zu erheblichen Abweichungen bei der Positionsanzeige. Auf den GPS-Empfängern ist immer das WGS84 voreingestellt, dieses wird in Deutschland erst in jüngerer Zeit benutzt. Bis etwa 1998 galt das Potsdam Datum, mitunter fehlt es auch. Hier hilft nur eine Datumstransformation. Möglichkeiten dazu werden im Buch »Auf Tour mit dem GPS-Empfänger« vom Deutschen Wanderverlag aufgezeigt.

Gewöhnlich lassen sich auch verschiedene Maßeinheiten wie metrische, englische und nautische einstellen. Die Anzeige des Soll- und aktuellen Kurses ist auf magnetisch Nord sowie auf geographisch Nord oder auf Gitternord einstellbar. Bei der Einstellung »AUTO« greift der GPS-Empfänger auf seine für jedes Gebiet der Erde gespeicherten Deklinationswerte zurück.

Möchten wir den GPS-Empfänger mit dem PC verbinden, bedarf es eines GPS-Empfänger mit einer seriellen Schnittstelle und eines PC mit einer freien seriellen Schnittstelle. Zur Verbindung des GPS-Empfängers mit dem PC benötigen wir ein spezielles Kabel, das sogenannte Interface Kabel. Damit lassen sich die mit Hilfe von geeigneter Software auf dem PC erstellten Wegpunkte und Routen leicht zum GPS-Empfänger überspielen bzw. von dort empfangen.

12.3 Was ist bei dem Kauf eines GPS-Empfängers zu beachten?

Generell existiert kein allseitig, empfehlenswerter GPS-Empfänger. Es kommt zum einen auf den Anwendungszweck und zum anderen auf die zur Verfügung stehenden Mittel an. Der Sonntagswanderer, der nur ab und zu den GPS-Empfänger benutzt, kann schon mit dem preisgünstigen Magellan GPS 300 viel anfangen.

Besitzen Sie einen PC, sollten Sie in jedem Fall an einen GPS-Empfänger mit einer PC-Schnittstelle denken. Ein Farbdisplay ist sinnvoll, falls Sie einen GPS-Empfänger mit integrierten Karten benutzen. Bearbeiten Sie auf der Kartenseite nicht mehrere Routen oder Tracks gleichzeitig, reicht meist ein Graustufen oder Schwarz/Weiß – Display aus. Recht praktisch ist ein akustischer Alarm, Sie brauchen nicht ständig die Anzeige zu beobachten, sondern werden akustisch bei Annäherung auf einen Wegpunkt oder ein Ziel aufmerksam gemacht.

Für einen Bergsteiger wäre ein eingebauter barometrischer Höhenmesser interessant. Ein integrierter Kompaß ist nicht notwendig. Erfahrungsgemäß reichen 20 speicherbare Routen mit je 30 Wegpunkten aus, vor allem wenn der GPS-Empfänger sich mit dem PC koppeln läßt. Da oft die deutsche Menüführung sehr schlecht übersetzt wurde, sollte sie kein Kriterium für die Anschaffung eines GPS-Empfängers sein. Wichtiger wäre ein deutsches Handbuch.

13 Der Kurswinkel (Marschrichtungszahl)

Wie der Name schon sagt, ist der Kurswinkel (Marschrichtungszahl oder Azimut) ein Winkel, der uns anzeigt, welchen Kurs (Richtung) wir bei einer Wanderung einschlagen müssen.

Zur Erläuterung: Beabsichtigen wir von A nach B zu wandern, so schauen wir zuerst in die Karte und suchen die Orte A und B. Einfachhalber sei angenommen, daß sich zwischen A und B eine freie Strecke ohne Hindernisse befindet. Als nächstes wird an dem Punkt A ein Winkelmesser angelegt. Da auf der Karte immer Norden oben liegt, beginnt die Zählung auch oben, mit Null. Wie bei der Uhr setzt sich die Zählung nach rechts (Osten) fort. Verbinden wir die Orte A und B mit einer Ziellinie, so läßt sich an dem Winkelmesser der Winkel für die Strecke von A nach B ablesen. Dieser Winkel ist der Kurswinkel. Jetzt gilt es nur noch, den Winkel mit Hilfe des Kompasses in der Landschaft zu finden. Richten wir in A die Kompaßrose mit der Magnetnadel nach Norden aus, so haben wir die gleichen Bedingungen wie auf der Karte. Die Zählung beginnt ebenfalls im Norden und setzt sich in Uhrzeigerrichtung fort. Wir brauchen nur noch den Kurswinkel anzuvisieren und danach wandern.

● **Kurswinkel**

Unter einem Kurswinkel verstehen wir auf der Karte den Winkel zwischen Kartennord (genau genommen unter Beachtung der Mißweisung) und der ausgewählten Wanderrichtung. In der Landschaft dagegen den Winkel zwischen der Lage der Nordspitze der Magnetnadel und dem Ziel. Entsprechend dem Zifferblatt der Uhr beginnt die Zählung bei der Karte in Richtung zum oberen Kartenrand (Kartennord) und bei der Kompaßrose in Richtung zu magnetisch Nord. Die weitere Zählung erfolgt im Uhrzeigersinn (rechtsherum). Angegeben wird der Winkel je nach der benutzten Kompaßskala in Grad, Gon (Neugrad) oder Strich.

Wichtig: Bestimmen wir auf der Karte den Kurswinkel in Grad, so müssen wir in der Landschaft auch den Kurswinkel in Grad suchen. Wenn nötig ist eine Umrechnung vorzunehmen.

13.1 Frage: Ist der Kurswinkel parallel zu den Nord-Südlinien oder zu den seitlichen Kartenrändern einzustellen?

Wer sich schon etwas über die Kurswinkelbestimmung oder Einnordung informiert hat, wird bald verzweifeln. In einigen Anleitungen steht, daß die Nord-Südlinien des Kompasses oder die Magnetnadeln parallel zu den Nord-Südgitterlinien auszurichten sind. Andere wieder schreiben, die Ausrichtung soll parallel zu den seitlichen Kartenrändern erfolgen. Wenn die Gitterlinien parallel zu den seitlichen Kartenrändern verlaufen, gibt es natürlich keine Unterschiede. Dies ist aber nur der Fall, wenn die Gitterlinien mit dem Hauptmeridian (Kapitel 3.3) zusammenfallen. Auf den meisten Karten verlaufen sie aber augenscheinlich schräg zum Kartenrand. Was ist nun richtig? Sollen wir nun den Kurswinkel mit den seitlichen Kartenrändern oder den Gitterlinien bestimmen?

Die Ursache der Schiefe ergibt sich aus dem Unterschied zwischen dem geographischen und dem Gauß-Krüger-Gitternetz. Die Differenz wird, wie wir wissen (oder nicht? Schnell noch einmal im Kapitel 5.3 nachlesen) als Meridiankonvergenz bezeichnet. Da dieser Wert in unseren Breiten maximal 1,15° beträgt, darf er bei der Genauigkeit unserer Kompaßmessung vernachlässigt werden. Ohne einen nennenswerten Fehler zu begehen, läßt sich damit der Kurswinkel sowohl mit Hilfe der Nord-Südgitterlinien als auch mit den seitlichen Kartenrändern ermitteln. Wer es nicht glaubt, kann es ja überprüfen. Nun noch etwas für den Gründlichen. Ist auf der Karte als Mißweisung die Nadelabweichung angegeben, so müssen wir uns nach den Gitterlinien richten. Ist die Deklination angegeben, werden die seitlichen Kartenränder (bei den deutschen TK) zur Einstellung benutzt.

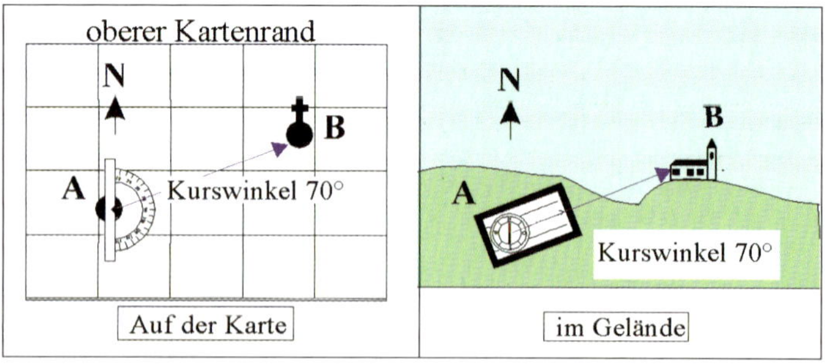

Abbildung 35 Kurswinkelbestimmung auf der Karte und im Gelände

13.2 Kurswinkelbestimmung beim Vorbereiten der Wanderung

Bereiten wir eine Wanderung vor, so ist es ratsam, eine Wegtabelle mit Kontrollpunkten (Kapitel 20.5) anzulegen. Ändert sich der Kurswinkel merklich, wird ein Kontrollpunkt festgelegt. Natürlich können wir auch ohne Planung loswandern und den jeweiligen Kurswinkel erst bei der Wanderung festlegen. Aber immer wird sich eine gute Vorbereitung auszahlen.

Obwohl es einerlei ist, ob wir den Kurswinkel zu Hause oder während der Wanderung bestimmen, so gibt es doch einige Unterschiede. Zu Hause steht uns mehr Zeit und Platz zur Verfügung, und nur zu Hause ist eine sinnvolle Arbeit mit dem Winkelmesser möglich. Gleiches gilt für das Einnorden der Karte. Allerdings besteht zu Hause (elektrische Geräte) immer die Gefahr einer Kompaßablenkung (Kapitel 9.4).

Noch ein wichtiger Hinweis. Damit wir bei der Korrektur der Mißweisung nicht durcheinander kommen, bestimmen wir auf der Karte den Kurswinkel immer ohne einen Mißweisungsausgleich. Die Korrektur wird, falls die Nadelabweichung über 3° liegt, erst am Kompaß vorgenommen.

Tip 17 Kurswinkel Karte
Auf der Karte wird der Kurswinkel ohne Mißweisungsausgleich bestimmt. Liegt die Nadelabweichung über 3°, wird sie am Kompaß eingestellt bzw. korrigiert.

13.2.1 Kurswinkelbestimmung mit dem Winkelmesser

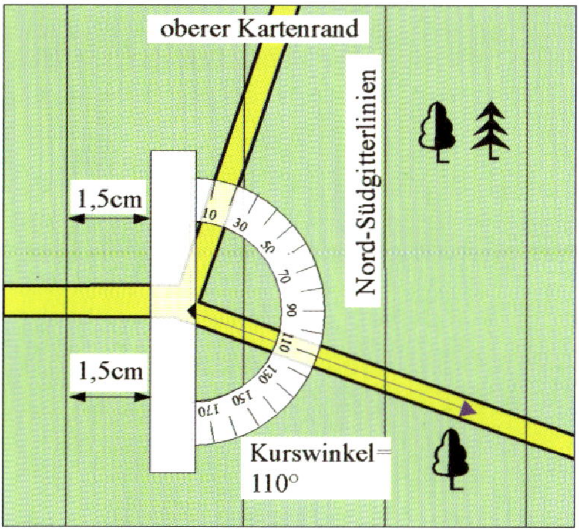

Wird der Kurswinkel bereits zu Hause bestimmt, so bietet sich als Meßgerät der Winkelmesser an. Steht uns nur ein Jugend-, Taschen- oder Armbandkompaß zur Verfügung, sollte in jedem Fall diese Methode gewählt werden.

Abbildung 36 Kurswinkelbestimmung mit dem Winkelmesser

Regel 7 Kurswinkelbestimmung mit dem Winkelmesser

1. Ausgangspunkt und Zielpunkt durch eine Linie oder Papierstreifen verbinden.
2. Durch den Ausgangspunkt eine Parallele zu den Nord-Süd-Gitterlinien ziehen.
3. Den Winkelmessermittelpunkt an den Kreuzungspunkt der Parallele und Ziellinie anlegen (Abbildung 36).
4. Den Winkel rechtsläufig ablesen und mit dem Schätzwert vergleichen.

13.2.2 Kurswinkelbestimmung mit dem Kompaß

Wählen wir den Kompaß zur Ermittlung des Kurswinkels, so läßt sich dieser bei einer eingenordeten oder nicht eingenordeten Karte bestimmen.

● Einnorden

Der Unterschied der Kursbestimmung zwischen einer eingenordeten und nicht eingenordeten Karte besteht darin, daß

- eine eingenordete Karte genau nach der Himmelsrichtung ausgerichtet ist, der obere Kartenrand zeigt in die Nordrichtung (magnetisch Nord) und der Kurswinkel gegenüber der Lage der Magnetnadel bestimmt wird,
- eine nicht eingenordete Karte beliebig ausgerichtet ist und der Kurswinkel gegenüber der Lage der Nord-Süd-Gitterlinien bestimmt wird. Die Lage der Magnetnadel ist ohne Bedeutung.

Norden wir eine Karte ein, so wird zunächst etwas mehr Zeit und eine waagerechte Auflage benötigt. Ist aber einmal die Karte eingenordet, so läßt sich der Kurswinkel unabhängig von Gitterlinien mühelos für jeden beliebigen Kartenort finden. Norden wir die Karte nicht ein, wird Zeit gespart und die Karte kann in jeder Lage gehalten werden. Ein weiterer Vorteil ist, daß unmittelbar – ohne den Kurswinkel abzulesen – von der Karte in die Landschaft gegangen wird. Allerdings müssen bei der Arbeit mit einer nicht eingenordeten Karte Gitter- oder Hilfslinien eingezeichnet sein. Ein großer Nachteil der Nichteinnordung ist der fehlende direkte Vergleich zwischen Karte und Landschaft. Besonders ein ungeübter Wanderer hat damit seine Probleme. Eine grobe Einnordung der Karte in der Landschaft ist zur Kontrolle immer ratsam.

13.2.3 Kurswinkelbestimmung mit einer eingenordeten Karte.

Verfügen wir über keinen modernen Kompaß mit durchsichtigem Boden und Richtungsstrichen oder wollen wir auf das Zeichnen der Parallellinien verzichten, muß die Karte eingenordet werden.

Regel 8 Kurswinkelbestimmung mit dem Kompaß bei einer eingenordeten Karte

1. Kompaß auf eine beliebige Stelle der Karte legen und die Karte so drehen, daß die Nord-Süd-Gitterlinien oder die Seitenränder der Karte genau in Richtung der Magnetnadel liegen und die meist farblich markierte Nordspitze der Magnetnadel zum oberen Kartenrand zeigt. Jetzt ist die Karte eingenordet! Die Lage der Kompaßrose ist ohne Bedeutung.
2. Wenn der Kompaß keine Anlegekante besitzt, Start- und Zielpunkt durch eine Linie oder Papierstreifen verbinden.

3. Ohne die Karte zu bewegen, den Kompaß auf den Startpunkt legen und die Kompaßdose so drehen, daß die Nordspitze der Magnetnadel auf N (=0°) weist. Die Kompaßrose muß nun mit der Lage der Magnetnadel übereinstimmen.
4. Besitzt der Kompaß Anlegekanten, so werden diese, ohne die Lage der Kompaßdose zu verändern, in Richtung des Zielpunktes gedreht. Notfalls ist die Anlegekante mit einem Papierstreifen, einer Zeitung, einem Bleistift usw. zu verlängern. (Die mitunter vorgeschlagene Verlängerung mit der Kompaßschnur oder der umgelegten Wanderkarte ist unzweckmäßig).
5. Am Kompaß den Kurswinkel ablesen und mit dem Schätzwert vergleichen.

Mit ausreichender Genauigkeit läßt sich auch die Karte an Hand der genau von West nach Ost verlaufenden Ortsnamen einnorden. Zuerst wird mit dem Skalenring an der Ablesemarke 90° (Osten) eingestellt. Dann ist der Kompaß mit einer Anlegekante unter- oder oberhalb des Ortsnamens anzulegen. Anschließend muß die Karte mit dem festgehaltenen Kompaß solange gedreht werden, bis das Nordende der Magnetnadel auf der Nordmarkierung liegt.

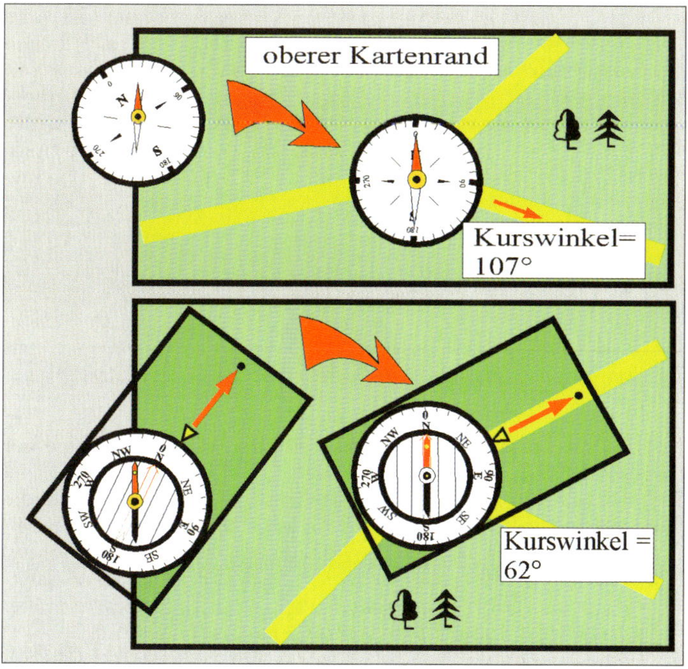

Abbildung 37 Kurswinkelbestimmung mit einer eingenordeten Karte

13.2.4 Kurswinkelbestimmung mit nicht eingenordeter Karte

Auf das Einnorden kann verzichtet werden, wenn wir mit einem modernen Plattenkompaß mit durchsichtigem Boden, Richtungsstrichen, Anlegekanten und einer drehbaren Kompaßdose wandern. In diesem Fall wird der Kompaß auf der Karte nur als Winkelmesser benutzt. Die Lage der Magnetnadel spielt keine Rolle. Bei Bedarf läßt sich sogar die Karte senkrecht halten.

Weil bei einem modernen Kompaß die Seitenkanten und der Kurspfeil parallel verlaufen, können wir den Kurspfeil oder die Seitenkanten zur Bestimmung des Kurswinkels verwenden.

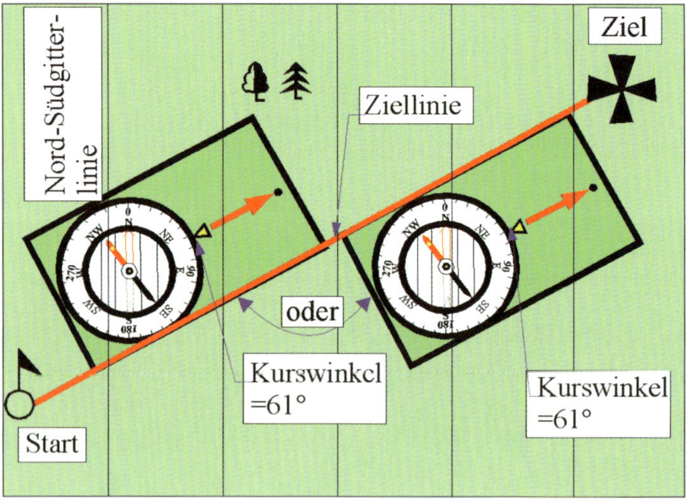

Abbildung 38 Kurswinkelbestimmung bei einer nicht eingenordeten Karte. Der Kompaß kann mit jeder Seitenkante oder dem Kurspfeil an die Ziellinie gesetzt werden.

Regel 9 Kurswinkelbestimmung mit dem Kompaß bei einer nicht eingenordeten Karte

1. Kompaß so auf die Karte legen, daß eine Anlegekante oder der Kurspfeil Start- und Ausgangspunkt verbindet (notfalls ist die Anlegekante zu verlängern) und der Kurspfeil oder die Kursstriche in die Zielrichtung zeigen.
2. In dieser Lage Kompaß und Karte mit einer Hand festhalten
3. Grobeinstellung: Mit der anderen Hand die Kompaßdose soweit drehen, daß die Nordmarke N am Skalenring zum oberen Kartenrand (Nordrichtung) zeigt.
4. Feineinstellung: Kompaßdose weiter drehen, bis die Nord-Südlinien der Kompaßdose genau parallel zu den Nord-Südgitterlinien der Karte verlaufen.

5. Den an der mittleren Richtungslinie oder dem Kurspfeil anliegenden Winkelwert (Kurswinkel) am Skalenring ablesen und mit dem Schätzwert vergleichen.

13.2.5 Kurswinkelbestimmung bei Ausrichtung nach Ortsnamen.
Sind auf der Karte keine Gitterlinien angeführt und sollen auch keine eingezeichnet werden, finden wir den Kurswinkel an Hand der von West nach Ost verlaufenden Ortsnamen.

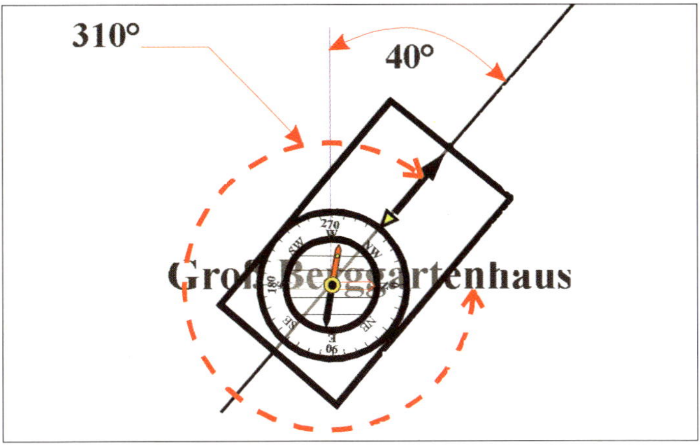

Abbildung 39 Kurswinkelbestimmung bei Ausrichtung nach Ortsnamen.

Regel 10 Kurswinkelbestimmung mit dem Kompaß bei einer Ausrichtung nach den Ortsnamen

1. Kompaß so auf die Karte legen, daß eine Anlegekante Start- und Ausgangspunkt verbindet (notfalls ist die Anlegekante zu verlängern) und der Kurspfeil oder die Kursstriche in die Zielrichtung zeigen.
2. In dieser Lage Kompaß und Karte mit einer Hand festhalten.
3. Grobeinstellung: Mit der anderen Hand die Kompaßdose soweit drehen, daß die Nordmarke N am Skalenring zum rechten Kartenrand (Ostrichtung) zeigt.
4. Feineinstellung: Kompaßdose drehen, bis die Nord-Südlinien (am durchsichtigen Boden) genau parallel zu den Ortsnamen liegen.
5. Den an der mittleren Richtungslinie oder dem Kurspfeil anliegenden Winkelwert am Skalenring ablesen.
6. Zu dem abgelesenen Wert, den Winkelwert für die Ostrichtung addieren (z.B Grad = 90°, Gon = 100'). Liegt der Wert über dem Winkelwert des Vollkreises (z.B. Grad = 360°, Gon = 400), so ist dieser Wert (z.B. 360°) abzuziehen.
7. Den berechneten Kurswinkel mit dem Schätzwert vergleichen.

Beispiel 9 Kurswinkelbestimmung bei einer Ausrichtung nach den Ortsnamen

1. Bei einem nach Ortsnamen ausgerichtetem Kompaß wurden 120 Gon abgelesen, daraus berechnet sich ein Kurswinkel von 120 + 100 = 220 Gon.
2. Bei einem nach dem Ortsnamen ausgerichtetem Kompaß wurden 310° abgelesen. Der Kurswinkel beträgt 310° + 90° = 400°. Da dieser Wert über 360° (Vollkreis) liegt, sind 360° abzuziehen. Daraus berechnet sich ein Kurswinkel von 400 – 360 = 40°. (Abbildung 39)

13.3 Kontrolle durch Kurswinkelschätzung

Wie die Praxis lehrt, ist die Bestimmung eines Kurswinkels stets durch eine Schätzung zu überprüfen. Ein falsch abgelesener Kurswinkel – was schneller passiert als gedacht – kann verheerende Folgen haben, besonders bei einer zeitlichen Bindung (Zug, Bus).

Tip 18 Schätzung des Kurswinkels

Zur Vermeidung von groben Fehlern ist die Kurswinkelbestimmung stets durch eine Schätzung des Kurswinkels zu überprüfen.

Als Schätzwerte benutzen wir: oberer Kartenrand (Norden) = 0°, rechter Kartenrand (Osten) = 90°, unterer Kartenrand (Süden) = 180°, linker Kartenrand (Westen) = 270°.

Abbildung 40 Schätzung des Kurswinkels

13.4 Kontrolle durch Einnorden der Karte

Wir sollten uns angewöhnen, bei der Wanderung in Abständen die umgebende Landschaft mit der Karte zu vergleichen. Falls wir noch auf dem richtigen Kurs sind, schulen wir nebenbei den

Blick für Karte und Landschaft. Im anderen Fall merken wir bald den Fehler und können ihn noch rechtzeitig korrigieren.

Zur Kurskontrolle muß die horizontal ausgebreitete Karte die gleiche Lage wie die Landschaft besitzen, d. h. die Karte muß eingenordet sein. Erst dann liegen die Landschaftspunkte in der gleichen Richtung wie die Kartensymbole. Wird flach über die Karte visiert, sollte der Kartenpunkt in der Landschaft zu finden sein.

Zum Einnorden der Karte legen wir den Kompaß an eine Seitenkante der Karte oder an die Nord-Südgitterlinien und drehen die Karte unter dem Kompaß (Kompaß darf sich nicht mitdrehen) bis die Magnetnadel parallel zu den Längsseiten oder den Nord- Südgitterlinien liegt. Mitunter ergibt sich auch eine Ausrichtung nach den Ortsnamen (Kapitel 13.2.5). Die Nordspitze der Magnetnadel muß unabhängig von der benutzten Methode immer zum oberen Kartenrand zeigen. Im allgemeinen sind bei einem Vergleich von Karte und Landschaft die Mißweisung und die Meridiankonvergenz zu vernachlässigen.

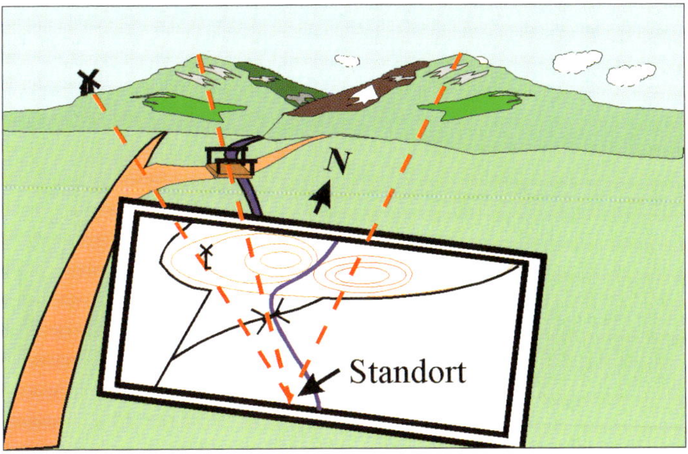

Abbildung 41 Einnorden der Karte zur Kontrolle des Wanderweges

Gelegentlich wird auch der umgekehrte Vorgang praktiziert, d. h. die Karte wird nach visierten Landschaftspunkten ausgerichtet. Diese aufwendige und ungenaue Methode sollten wir lieber vergessen.

14 Berücksichtigung der Mißweisung.

● **Mißweisung**

1. Nur wenn ein auf der Karte bestimmter Kurswinkel in der Landschaft gesucht wird oder wenn ein in der Landschaft visierter Winkel auf die Karte übertragen wird, ist die Mißweisung zu berücksichtigen, also nur bei einem Übergang von der Karte zur Landschaft oder umgekehrt.

2. Werden nur Karten- oder Geländewinkel untereinander (Winkeldifferenzen) verglichen, so wird die Mißweisung nicht beachtet.

3. Liegt die auf der Karte angeführte Mißweisung unter 3°, kann sie vernachlässigt werden.

Ist die Mißweisung zu berücksichtigen, so ist erst einmal zu überlegen:

1. Auf welche Art der Mißweisung (Nadelabweichung oder Deklination) beziehen sich die Kartenangaben? Wenn beide angegeben sind, für welche entscheiden wir uns (empfohlene Nadelabweichung)? Beträgt der Wert der Meridiankonvergenz weniger als 1,3° – was allgemein für Mitteleuropa zutrifft – läßt sich sowohl die Nadelabweichung als auch die Deklination für den Mißweisungsausgleich verwenden.

2. Handelt es sich um eine östliche (+) oder westliche (–) Nadelabweichung bzw. Deklination?

3. Ist die Mißweisung wegen der jährlichen Änderung zu korrigieren?

Nach Beantwortung der Fragen können wir mit dem Mißweisungsausgleich beginnen. Dazu stehen drei Methoden zur Auswahl.

1. Einstellung der Magnetnadel auf die Mißweisung.

2. Anpassung durch Addieren oder Subtrahieren der Mißweisung.

3. Einstellung des Mißweisungsausgleiches am Kompaß (falls der Kompaß eine entsprechende Vorrichtung besitzt).

Außerdem läßt sich auch die Mißweisung in die Karte einzeichnen. Besondere Vorteile bietet dieses Verfahren nicht.

Tip 19 Mißweisungsausgleich

Besteht keine eindeutige Klarheit, wie bei dem Mißweisungsausgleich zu verfahren ist (addieren oder subtrahieren), sollte auf einen Ausgleich verzichtet werden. Meist macht man gerade das Falsche, so daß sich der Fehler noch verdoppelt.

14.1 Einstellung der Magnetnadel auf die Mißweisung

Besitzt unser Kompaß keinen Mißweisungsausgleich so läßt sich bei Notwendigkeit das Nordende der Magnetnadel nicht auf die Nordmarkierung, sondern auf den Wert der Mißweisung auszurichten. Die Korrektur erfolgt in zwei Schritten. Mit dem ersten Schritt wird die Magnetnadel auf die Richtungslinien auf dem Boden der Kompaßdose eingestellt. Die markierte Nordseite der Magnetnadel muß zur Nordmarkierung zeigen. Bei dem zweiten Schritt (Feinkorrektur) wird der Kompaß gedreht, bis die Nordspitze der Magnetnadel auf den Wert der Mißweisung zeigt.

Zu beachten ist, daß bei einer westlichen Mißweisung der Wert von 360° abzuziehen ist.

War auf der Karte z. B. eine östliche Mißweisung von 8° angeführt, so richten wir die Magnetnadel auf 8° aus. Bei einer westlichen Mißweisung von 8° richten wir die Magnetnadel auf 360 – 8 = 352° aus.

Der Vorteil des Verfahrens besteht in einem direkten Übergang von der Karte in die Landschaft. Problematisch wird es bei der Umgehung von Hindernissen und Rückwärtsschneiden.

14.2 Anpassung durch Addieren oder Subtrahieren der Mißweisung

Übertragen wir den auf der Karte gefundenen Kurswinkel in die Landschaft, wird bei einer westlichen Mißweisung diese zum Kurswinkel addiert und bei einer östlichen Mißweisung diese vom Kurswinkel subtrahiert. Voraussetzung ist das am Kompaß keine Mißweisung eingestellt war (Zur Kontrolle lieber noch einmal nachsehen).

Wird ein in der Landschaft gemessener Visierwinkel auf die Karte übertragen, ist bei einer westlichen Mißweisung die Mißweisung zu subtrahieren. Handelt es sich um eine östliche Mißweisung, wird sie addiert. Auch hier darf am Kompaß keine Mißweisung eingestellt sein.

Falls die Mißweisung bereits am Kompaß korrigiert wurde, erfolgt kein Mißweisungsausgleich.

Tabelle 11 Mißweisungsausgleich

Art der Mißweisung	von der Karte in die Landschaft	von der Landschaft zur Karte
westliche	addieren	subtrahieren
östliche	subtrahieren	addieren

Beispiel 10 Mißweisungsausgleich

1. Nach dem Anlegen des Kompasses an die Nord-Südgitterlinien bestimmten wir einen Kurswinkel von 37°. In den Kartenrandangaben war eine Nadelabweichung von 8° westlich, angeführt. Da, der jährliche Zuwachs 0,5° beträgt und die Karte zwei Jahre alt ist, berechnet sich eine Nadelabweichung von 9° (8 + 2 · 0,5). Am Kompaß ist demnach ein Kurswinkel von 37° + 9° = 46° einzustellen.

2. Zur Standortbestimmung visierten wir mit dem Kompaß ein Ziel an. Der ermittelte Visierwinkel betrug 46°. Unter den gleichen Bedingungen wie in 1. (westliche Nadelabweichung 8° + 2 · 0,5) müssen wir diesmal die Mißweisung subtrahieren. Der Kartenwinkel beträgt demnach 46° – 9° = 37°.

3. Im Gelände bestimmten wir zwischen zwei Punkten eine Winkeldifferenz von 30°. Da kein Übergang zur Karte erfolgt, bleibt die Mißweisung unberücksichtigt.

4. Bei einer Kompaßmessung mit eingestelltem Mißweisungsausgleich fanden wir einen Visierwinkel von 47°. Da die Korrektur bereits erfolgte, wird der Winkel von 47° in die Karte übertragen.

Es ist ratsam die Mißweisung auf einem Zettel zu vermerken und diesen auf die Kompaßrückseite zu kleben.

Der Vorteil des zu empfehlenden Verfahrens beruht in der gewohnten Einstellung der Magnetnadel auf die Richtungslinien und Nordmarkierung der Kompaßdose. Als Nachteil wäre der nun nicht mehr mögliche direkte Übergang von der Karte in die Landschaft ohne Winkelablesung (addieren oder subtrahieren der Mißweisung) zu nennen.

14.3 Einstellung des Mißweisungsausgleiches am Kompaß

Diese Methode ist die einfachste und bequemste. Wurde die Mißweisung einmal am Kompaß eingestellt, so brauchen wir uns um den Mißweisungsausgleich keine Gedanken mehr zu machen. Allerdings sei der Mißweisungsausgleich am Kompaß richtig eingestellt. Auch dürfen wir bei einem Ortswechsel eine eventuell erforderliche Umstellung nicht vergessen.

Zum Mißweisungsausgleich am Kompaß wird die Lage der Nordmarke unabhängig von den Nordlinien verstellt. Dabei muß bei einer östlichen Mißweisung die Nordmarke östlich (rechts) von den Nordlinien liegen. Bei einer westlichen Mißweisung muß die Nordmarke westlich (links) von den Nordlinien liegen.

Zur Einstellung gibt es die verschiedensten Methoden. Die Palette reicht von einer einfachen Verdrehung der Nordmarkenscheibe bis zu aufwendigen mechanischen Vorrichtungen.

14.4 Die Mißweisung ist unbekannt

Befindet sich auf der Karte kein Hinweis über die Mißweisung, sollten wir uns über die fehlende Angabe bei den Landesvermessungsämtern (Anlage) informieren. Dort gibt es auch Auskunft über die Mißweisung in anderen Ländern.

Helfen diese nicht weiter, so bleibt nur eine eigene Bestimmung übrig. Mehr als eine ungefähre Abschätzung kann es allerdings nicht werden. Fehler von ± 5° sind keine Besonderheit. Die Genauigkeit läßt sich durch eine Mehrfachmessung und Berechnung des Mittelwertes etwas verbessern.

Zur praktischen Überprüfung wählen wir eine auf der Karte eingetragene gerade Strecke, wie elektrische Freileitung (Magnetnadelablenkung beachten!), gerade Wege, Auto- oder Eisenbahn (von einer Brücke messen). Nach Visierung der Strecke wird der Visierwinkel mit dem Kartenwinkel verglichen. Die Differenz zwischen Visierwinkel und Kartenwinkel ist die Mißweisung. Ist der Wert negativ, d.h. Visierwinkel ist kleiner als der Kartenwinkel, besteht eine östliche Mißweisung. Ist der Wert positiv, d.h. der Visierwinkel ist größer als der Kartenwinkel, besteht eine westliche Mißweisung. Wurde der Kartenwinkel nach einer Linie des Gauß-Krüger-Gitters ausgemessen, so erhalten wir die Nadelabweichung, bei dem geographischen Gitter die Deklination.

Beispiel 11 Mißweisungsbestimmung
Mit einem an die Nord-Südgitterlinie des Gauß-Krüger-Gitters angelegten Kompasses fanden wir für die Meßstrecke »Autobahn« einen Winkel von 30°. In der Landschaft visierten wir für die gleiche Autobahn von einer Brücke, einen Winkel von 25°. Die Nadelabweichung beträgt demnach 25 – 30 = –5°. Wegen des negativen Wertes liegt eine östliche Mißweisung vor, also 5° östlich.

15 Wandern mit dem Kompaß

15.1 Wir bestimmen den Kurswinkel bei der Wanderung und gehen gleich von der Karte in die Landschaft

15.1.1 Mit dem Plattenkompaß (Spiegelkompaß)

Der große Vorteil dieser modernen Methode ergibt sich aus dem unmittelbaren Übergang von der Karte in die Landschaft. Wir benötigen keine Vorbereitung. Dabei braucht im Prinzip weder der Kurswinkel abgelesen, noch die Karte eingenordet werden. Wir legen den Kompaß einfach auf die Karte, bestimmen den Kurswinkel ohne Ablesung, nehmen den Kompaß in die Hand und marschieren nach dem Ausrichten der Magnetnadel gleich los. Auf der anderen Seite erspart uns eine bereits zu Hause getroffene Vorbereitung Zeit beim Wandern, und eine eingenordete Karte verringert die Gefahr eines Verirrens. Es empfiehlt sich immer, den Kurswinkel abzulesen und aufzuschreiben. Wie schnell verstellt sich der Kompaß, und unbemerkt wandern wir in die falsche Richtung. Wer vorwiegend nach der Methode von

»der Karte in die Landschaft« wandert, sollte entweder Karten mit einem Gitternetz benutzen oder Nord-Südlinien einzeichnen.

Regel 11 Kurswinkelbestimmung bei einem direkten Übergang von der Karte in die Landschaft

Schritt 1 Kurswinkeleinstellung auf der Karte

1. Karte so falten, daß das Gebiet zwischen Start- und Zielpunkt oben liegt (unter dem Zielpunkt verstehen wir das Ziel bzw. das Etappenziel).

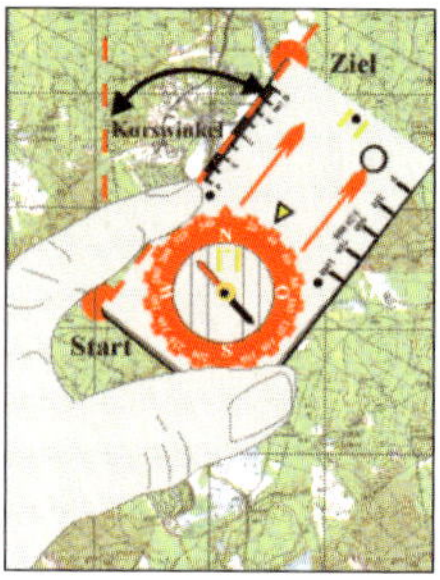

Abbildung 42
Kurswinkelbestimmung mit einem modernen Kompaß.

2. Auf die mit einer Hand gehaltenen gefalteten Karte (erhöht die Stabilität) den Kompaß auflegen und mit dem Daumen festhalten. Eine Anlegekante muß dabei Start- und Ausgangspunkt verbinden und der Kurspfeil oder die Kursstriche in die Zielrichtung zeigen (Abbildung 42).

3. Grobeinstellung: Mit der anderen Hand die Kompaßdose soweit drehen, daß die Nordmarke »N« am Skalenring zum oberen Kartenrand (Nordrichtung) zeigt.

4. Feineinstellung: Kompaßdose drehen, bis die Nord-Südlinien der Kompaßdose genau parallel zu den Nord-Südgitterlinien der Karte verlaufen.

5. Eventuell den an der mittleren Richtungslinie oder dem Kurspfeil anliegenden Winkelwert am Skalenring ablesen und mit dem Schätzwert vergleichen.

6. Ohne den Kurswinkel zu verstellen (!), den Kompaß von der Karte nehmen.

7. Besitzt der Kompaß keinen Mißweisungsausgleich, so ist bei einer Nadelabweichung über 3° eine Berichtigung vorzunehmen (empfohlenes Verfahren nach Kapitel 14.2). Dazu muß der Kurswinkel abgelesen, und mit dem Wert der Mißweisung (westliche addieren, östliche subtrahieren) korrigiert werden.

Schritt 2 Wandern nach dem eingestellten Kurswinkel

8. Kompaß waagrecht in Brusthöhe halten (eingestellten Kurswinkel auf keinen Fall verstellen). Die Magnetnadel muß sich frei bewegen können und der Kurspfeil vom Körper wegzeigen.

9. Mit dem Kompaß um seine eigene Achse drehen (Abbildung 43) – nicht nur den Oberkörper – bis die Magnetnadel mit den Richtungslinien auf dem Boden der Kompaßdose übereinstimmt. Die markierte Nordseite der Magnetnadel muß zur Nordmarkierung zeigen. Da bei den meisten Kompassen die

Richtungslinien nicht in der Ebene der Magnetnadel liegen, muß zur Vermeidung von Parallaxenfehlern immer senkrecht von oben auf den Kompaß gesehen werden.

10. Ist der Kompaß richtig ausgerichtet, weist uns der Kurspfeil (Richtungspfeil) in die Wanderrichtung.

Abbildung 43
Bei der Suche nach dem Kurswinkel müssen wir uns um die eigene Achse drehen

15.1.2 Wandern mit dem Jugendkompaß

Steht uns nur ein einfacher Kompaß (Jugendkompaß) zur Verfügung, können wir – zwar etwas unbequemer und ungenauer – ebenfalls den Kurswinkel bestimmen und danach wandern.

Zur Kurswinkelbestimmung legen wir den Kompaß, ohne die Lage der Magnetnadel zu beachten, auf die Karte und zwar am Startpunkt. Auf diesem wird der Kompaß so lange gedreht, bis der Nord- (N) und Südpunkt (S) der Kompaßrose parallel zum Kartenrand oder einer der Nord-Südgitterlinien liegt und der Nordpunkt zum oberen Kartenrand zeigt. Als nächstes verbinden wir durch Anlegen eines Papierbogens den Startpunkt mit dem Zielpunkt. An der Kompaßrose lesen wir nun den Kurswinkel ab.

In der Landschaft halten wir den Kompaß in Brusthöhe und drehen uns mit dem Kompaß um die eigene Achse (Abbildung 43) bis das Nordende der Magnetnadel auf dem Nordpunkt der Kompaßrose bzw. dem Mißweisungswert liegt. An der Kompaßrose suchen wir den Kurswinkel und wandern in diese Richtung.

15.1.3 Wandern mit dem Armbandkompaß

Wandern wir mit einem Armbandkompaß, so wird dieser zur Kurswinkelbestimmung zuerst auf die Karte gelegt. Das Armband des Kompasses muß den Start- und Zielpunkt verbinden. Dabei ist zu beachten, daß das Ablesefenster zum Startpunkt oder der Richtungspfeil zum Ziel zeigt. Nun wird die Kompaßdose solange gedreht, bis die Nord-Südlinien am Kompaßboden parallel

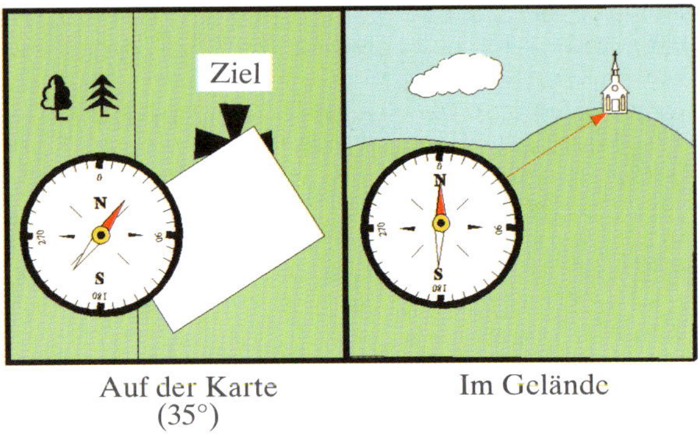

Abbildung 44 Wandern mit dem Jugendkompaß

zu den Nord-Südgitterlinien der Karte verlaufen und die Nordmarkierung zum oberen Kartenrand zeigt. Die Lage der Magnetnadel besitzt keine Bedeutung. Anschließend läßt sich – was aber nicht unbedingt notwendig ist – am Ablesefenster bzw. am Richtungspfeil der Kurswinkel ablesen.

Dann binden wir uns den Kompaß um das Armgelenk und beachten, daß das Ablesefenster zum Körper hin oder der Richtungspfeil vom Körper weg zeigt. Jetzt wird um die eigene Körperachse gedreht (Abbildung 43) bis die Nordseite der Magnetnadel (Kompaßrose) mit der Nordmarkierung oder dem Mißweisungswert auf dem Skalenring übereinstimmt. Der Richtungspfeil oder die Visiereinrichtung zeigt jetzt in die Wanderrichtung (Kursrichtung). Beim Wandern ist nur noch darauf zu achten, daß die Nordseite der Magnetnadel immer innerhalb der Nordmarkierungen (Orientierungspfeil) liegt und sich der Kurswinkel nicht ungewollt verstellt.

Abbildung 45 Wandern wir mit dem Armbandkompaß

15.1.4 Wandern mit der Kompaßuhr

Bei einem Wandern mit der Kompaßuhr ist es ratsam, vor jeder Kurswinkelbestimmung den Kompaß zu kalibrieren. Auch sollte zur Vermeidung von Falschmessungen jeder Winkel dreimal gemessen werden. Grundsätzlich sei bemerkt, daß eine Kompaßuhr nicht die Genauigkeit eines modernen Kompasses erreicht.

Zur Kurswinkelbestimmung legen wir die Kompaßuhr (Abbildung 46) so auf die Karte, daß das Armband an eine der Nord-Südgitterlinien oder an den seitlichen Kartenrändern anliegt. Dabei muß die rechte Kompaßseite zum oberen Kartenrand zeigen. Nach Auslösung des Meßvorganges lesen wir den angezeigten Richtungswert-Nord ab. Darauf wird die Kompaßuhr gedreht, bis das Armband den Start und Zielpunkt verbindet. Die

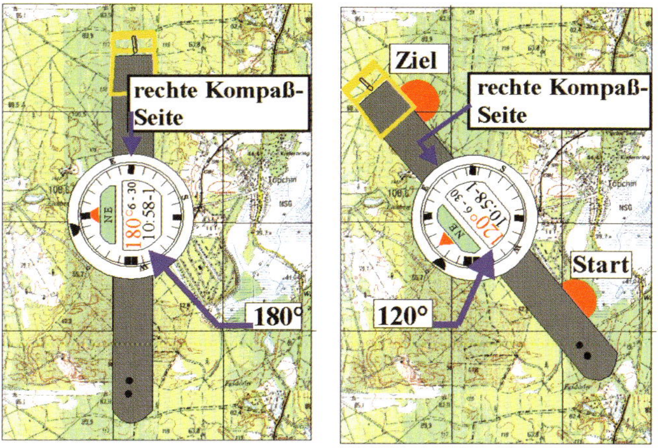

Richtungswert-Nord 180°   Richtungswert -Kurs 120°

Abbildung 46 Kurswinkelbestimmung mit der Kompaßuhr

rechte Kompaßseite muß nun zum Ziel zeigen. Anschließend erfolgt die zweite Messung zur Ermittlung vom Richtungswert-Kurs. Aus beiden Werten berechnet sich der Kurswinkel.

Falls der Richtungswert-Kurs größer als der Richtungswert-Nord ist, gilt:

Kurswinkel = Richtungswert-Nord – Richtungswert-Kurs

Ist der Richtungswert-Kurs kleiner als der Richtungswert-Nord, gilt:

Kurswinkel = 360 – Richtungswert-Nord + Richtungswert-Kurs

Beispiel 12 Kurswinkelbestimmung mit einer Kompaßuhr

Ohne die Karte einzunorden, fanden wir beim Anlegen des Armbandes an die Nord-Südgitterlinien der Karte (Abbildung 46) einen Richtungswert-Nord von 180° und beim Verbinden des

Start- und Zielpunktes einen Richtungswert-Kurs von 120°. Da der Richtungswert-Kurs kleiner als der Richtungswert-Nord ist gilt: Kurswinkel = 360 – 180 + 120 = 300°.

Am besten nehmen wir die Kurswinkelbestimmung schon zu Hause vor.

Beim Wandern muß dann die Richtungsmarkierung (rotes Dreieck) der umgebundenen Kompaßuhr vom Körper wegzeigen.

Nun muß der Kurswinkel in der Landschaft gesucht werden. Dazu drehen wir uns in die vermutete Richtung, winkeln den Arm an, heben ihn in Brusthöhe und lösen an der Kompaßuhr einen Meßvorgang aus. Ist der angezeigte Richtungswert kleiner als der Kurswinkel wird nach rechts gedreht, ist er zu groß wird nach links gedreht.

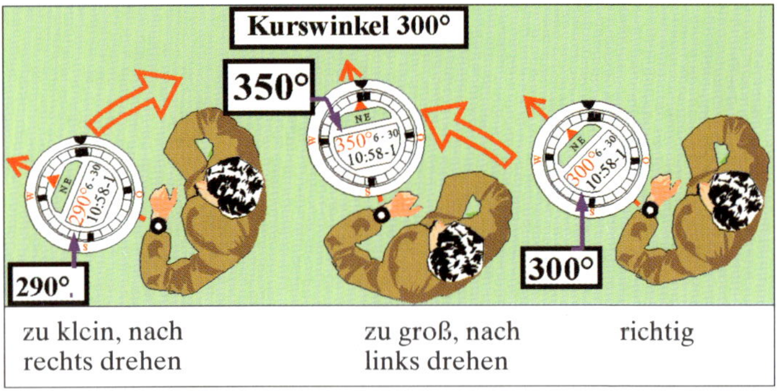

Abbildung 47 Kurswinkelsuche mit der Kompaßuhr

16 Visieren (peilen) von Landschaftspunkten

Gar nicht so selten kommt es unter den Wanderkameraden zu Meinungsverschiedenheiten über die Identität eines Landschaftspunktes. Ist es nun der Berg X oder der Berg Y. Wer hat recht? Hier hilft nur eine Visierung des Punktes und eine Einzeichnung des Visierwinkels auf der Karte.

Auch wenn während der Wanderung der Standort bestimmt werden soll, hilft uns eine Visierung. Problemlos geht es, wenn sich im Blickfeld ein auffälliger, auf der Karte eindeutig zu bestimmender Landschaftspunkt befindet. Nach seiner Visierung und dem Rückwärtsschneiden auf der Karte findet sich schnell der Standort. Ebenso hilft uns die Visierung bei der sicheren Umgehung von Hindernissen.

16.1 Visierwinkelbestimmung

Ob ein Objekt zu identifizieren, der Standort zu bestimmen oder ein Etappenziel zu suchen ist, die Vorgehensweise ist immer die gleiche. Zunächst drehen wir den ganzen Körper in die Objektrichtung. Anschließend wird das Objekt mit dem Kompaß visiert. Ob dabei der Visierwinkel abgelesen oder nicht abgelesen wird, hängt vom Kompaßtyp und der angewendeten Methode ab. Auch eine eventuelle Eintragung auf der Karte wird durch die Methode bestimmt. Während bei einer Objektbestimmung der Visierwinkel auf die Karte übertragen wird, entfällt dieses bei einer Visierung von Etappenzielen.

Abbildung 48
Der Streit läßt sich leicht durch das Visieren der Berge beilegen.

Die Genauigkeit der Messung hängt vom Kompaßtyp ab. Die besten Werte liefert die Messung mit dem Spiegelkompaß. Wird ein Armbandkompaß benutzt, so sollte er schon über eine Visiervorrichtung verfügen. Aber auch mit einem Jugendkompaß kann visiert werden. Allerdings ist eine derartige Messung recht ungenau. Grundsätzlich sollte man an eine Visierung nicht zu hohe Erwartungen setzen. Abweichungen von 3–6° sind nicht ungewöhnlich. Nur durch eine Mehrfachmessung läßt sich die Genauigkeit verbessern.

Tip 20 Mehrfachmessung Visierung von Landschaftspunkten
Die Aussagekraft der Visierung läßt sich erhöhen, wenn das Objekt mehrmals anvisiert und aus den einzelnen Ergebnissen der Mittelwert gebildet wird.

Beispiel 1. Messung = 66°; 2. Messung 63°; 3. Messung 69°. Aus diesen Werten ergibt sich ein Mittelwert von 66°.

16.1.1 Visieren mit einem modernen Platten- und Spiegelkompaß
Besonders bei der Visierung von Etappenzielen zeigt sich die Überlegenheit eines modern Plattenkompasses. Mit dem nach der Visierung fest eingestellten Winkel, erübrigt sich eine Winkelablesung. Die Wanderung zu dem visierten Etappenziel kann sofort beginnen. Der gefundene Visierwinkel wird jetzt zu unserem Kurswinkel. Wer sicher gehen will, kann sich natürlich auch den Visierwinkel (Kurswinkel) merken.

Regel 12 Landschaftspunkte mit einem modernen Platten- oder Spiegelkompaß visieren

1. Kompaß waagrecht in Brusthöhe halten. Die Visierlinie (Kurspfeil) muß senkrecht von der Körperfront zum Objekt zeigen und die Magnetnadel freibeweglich sein.

2. Die Kompaßdose drehen bis die Magnetnadel zwischen den auf dem Boden der Kompaßdose angebrachten Richtungslinien liegt und die markierte Nordseite der Magnetnadel zur Nordmarkierung zeigt. Besitzt der Kompaß keinen Mißweisungsausgleich, so ist bei einer Nadelabweichung über 3° eine Korrektur vorzunehmen. Dazu wird die Kompaßdose gedreht bis die Nordspitze der Magnetnadel auf den berechneten Wert der Mißweisung zeigt.

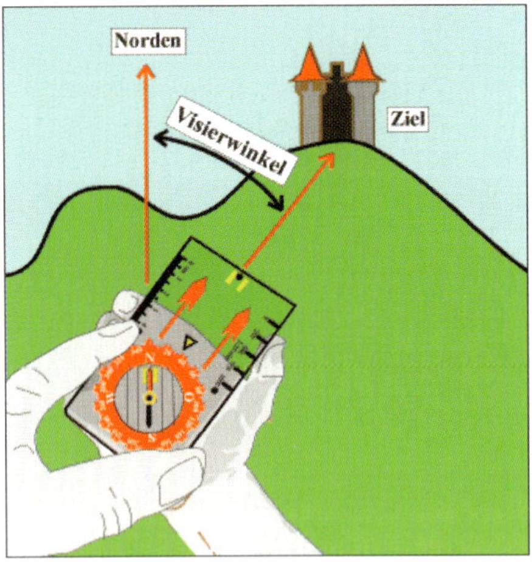

Abbildung 49
Visierung mit einem modernen Plattenkompaß

3. Anschließend erfolgt die Feineinstellung. Dazu wird mit einer Hand die Kompaßdose festgehalten (Magnetnadel muß weiterhin nach Norden bzw. zur Mißweisung zeigen) und mit der anderen die Grundplatte solange gedreht, bis eine Anlegekante, der Kurspfeil oder die Visiervorrichtung zum Landschaftspunkt zeigt.

4.1 Benutzer eines spiegellosen Kompasses heben diesen, ohne die Kompaßdose zu verdrehen, bis zur Augenhöhe, suchen über eine Anlegekante oder Visiervorrichtung das Ziel und korrigieren den Visierwinkel durch verdrehen der Grundplatte. Nach der erfolgreichen Visierung wird der Kompaß abgesetzt (die Lage der Magnetnadel ist jetzt ohne Bedeutung) und der Visierwinkel an der Ablesemarke abgelesen.

4.2 Besitzer eines Spiegelkompasses heben den Kompaß in Augenhöhe und kippen den Spiegel soweit, bis sich die Kompaßdose mit der Magnetnadel im Blickfeld befinden. Zur Vermeidung des Parallaxenfehlers sollte der Spiegel zwischen 50° bis 70° geöffnet werden. Nun wird mit der Visiervorrichtung (Kimme) das Ziel visiert. Ist der Spiegel mit einem Mittelstrich versehen, so muß dieser im Spiegel scheinbar durch das Dosenzentrum verlaufen. Danach wird unter ständiger Spiegelbeobachtung, mit einer Hand die Kompaßdose so lange gedreht, bis die Magnetnadel parallel zu den im Kapselboden befindlichen Richtungslinien liegt und die Nordseite der Magnetnadel zu der Nordmarkierung zeigt. Nach Absetzen des Kompasses (die Lage der Magnetnadel

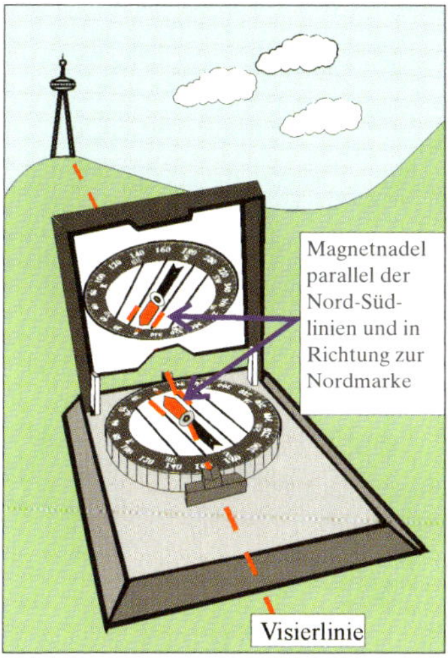

Abbildung 50
Visierung mit einem Spiegelkompaß

ist jetzt ohne Bedeutung) läßt sich der Visierwinkel an der Ablesemarke ablesen.

5. Zur Kontrolle sollte man die Karte an Hand der Stellung der Magnetnadel grob einnorden und vergleichen, ob die Kartenrichtung des Zieles mit der Richtung in der Landschaft übereinstimmt.

Tip 21
Verläuft bei einem Spiegelkompaß die Visierlinie unterhalb des Spiegels, so empfiehlt es sich, in der Mitte des oberen Spiegelrahmens mit Klebebändern eine zusätzliche Visiermöglichkeit anzubringen.

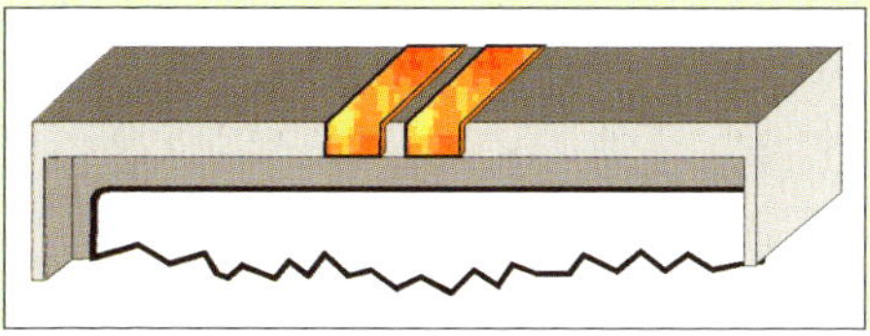

16.1.2 Visieren mit dem Jugendkompaß

Zuerst müssen wir uns mit dem Kompaß um die eigene Körperachse drehen, bis die Körperfront zum Ziel zeigt. Der Kompaß ist mit der freibeweglichen Magnetnadel in Brusthöhe zu halten.

Nun wird die Kompaßdose gedreht, bis die Magnetnadel genau nach Norden bzw. auf den Wert der Mißweisung zeigt. Danach läßt sich an der Kompaßrose der in Visierrichtung liegende Winkel abgelesen.

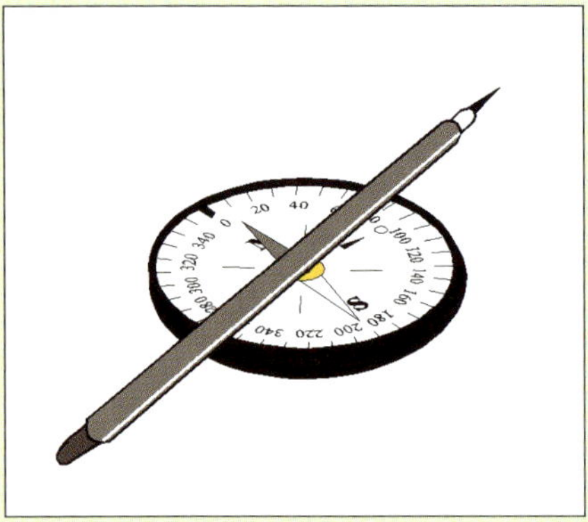

Tip 22
Die Visierung läßt sich verbessern, wenn quer über die Kompaßdose ein Bleistift gelegt und in Augenhöhe über diesem das Ziel visiert wird.

16.1.3 Visieren mit dem Armbandkompaß

Wandern wir mit einem Armbandkompaß, so drehen wir uns bei einer Visierung um die eigene Körperachse bis sich das Ziel im Blickfeld befindet. Das Ablesefenster muß zum Körper hin und der Richtungspfeil vom Körper wegzeigen. Nun wird der Arm angewinkelt und das Handgelenk gedreht, bis mit Hilfe des Richtungspfeils oder Ablesefensters das Ziel visiert werden kann. Darauf drehen wir die Kompaßdose bis die Nordseite der Magnetnadel mit der Nordmarkierung oder dem Mißweisungswert auf dem Skalenring übereinstimmt. An der Spitze des Richtungspfeiles oder Ablesepunktes liegt jetzt der Visierwinkel an.

16.1.4 Visieren mit der Kompaßuhr

Benutzen wir eine Kompaßuhr so ist zuerst die Nordmarkierung am Kompaßrosendrehring auf die Richtungsmarkierung zu stellen. Dann drehen wir uns um die eigene Körperachse in Zielrichtung und heben den angewinkelten Arm mit der Uhr in Augenhöhe. Über die Richtungsmarkierung, die vom Körper wegzeigt, wird der Landschaftspunkt visiert. – Ein quer über das Zifferblatt gelegter Bleistift (siehe Tip 22) erleichtert die Visierung. – Liegt das Ziel im Visier wird der Meßvorgang ausgelöst und der Visierwinkel abgelesen. Bei Erfordernis ist dieser Wert mit der Mißweisung zu korrigieren.

16.2 Visieren von Etappenzielen

Wandern wir durch eine offene Landschaft, ist die Wahl eines Etappenziels oft von Nutzen. Wir brauchen dann nicht immer auf die Karte oder den Kompaß zu schauen und können munter auf das Etappenziel zuwandern. Haben wir vorher den Visierwinkel bestimmt, ist es auch kein Problem, wenn wir es zeitweilig aus dem Auge verlieren. So wandern wir schließlich von Punkt zu Punkt bis zum Ziel. Die Wahl eines Etappenzieles bietet sich auch bei einer ungenauen Wanderkarte oder bei der Umgehung von Hindernissen an. Geeignete Landschaftspunkte sind Bergkuppen, Aussichtstürme, Burgen, Kapellen, Kirchen, Brücken. Nach Möglichkeit sollte das Etappenziel etwa in der Richtung zum Ziel liegen.

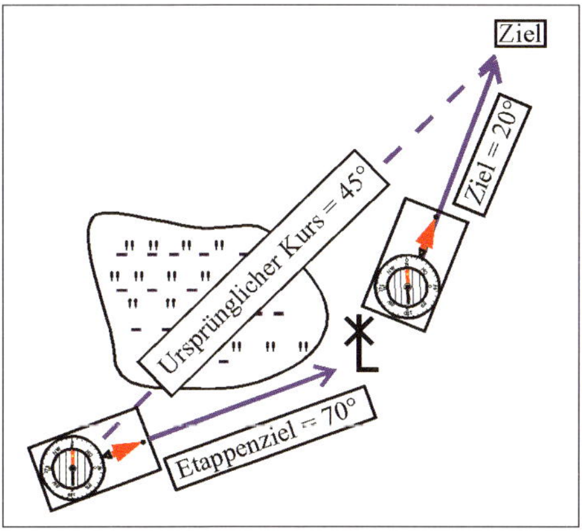

Abbildung 51 Wandern nach dem Visierwinkel (Beispiel 13)

In der Praxis wird nach der Wahl des Landschaftspunktes (Etappenziel) dieser gleich visiert. Verwenden wir einen modernen Kompaß, so braucht nicht einmal der Winkel abgelesen zu werden. Der Visierwinkel wird dann bis zum Etappenziel unser Kurswinkel. Da kein Übergang zur Karte erfolgt, erübrigt sich auch ein Mißweisungsausgleich.

Beispiel 13 Wandern zu Etappenzielen

Bei unserer Wanderung nach einem Kurswinkel von 45° stießen wir plötzlich auf eine überschwemmte Wiese. Zur Umgehung wird ein Etappenziel gesucht. Geeignet erscheint ein rechts davon stehendes Windrad. Es ist anzunehmen, daß von dort auch unser Ziel sichtbar ist. Wir visieren also zunächst das Etappenziel »Windrad« (70°) an und wandern bis zu diesem. Dort wird das Ziel (20°) anvisiert. Den neuen Winkel folgend gelangen wir zum Ziel.

16.3 Identifizierung von Landschaftspunkten

Die Identifizierung von Landschaftspunkten ist am einfachsten, wenn der eigene Standort bekannt ist. Von unserem Standort visieren wir (Kapitel 16.1) das fragliche Objekt mit dem Kompaß an und übertragen anschließend den Winkel auf die Karte. Da in diesem Fall ein Übergang von der Landschaft zur Karte erfolgt, muß eventuell die Mißweisung berücksichtigt (östliche addieren, westliche subtrahieren) werden. Erfolgte die Visierung mit einem modernen Plattenkompaß, so wird dieser – ohne dabei den Visierwinkel zu verstellen – auf die Karte gelegt. Die linke obere Ecke muß am Standort anliegen. Um diesen Punkt wird der Kompaß gedreht, bis die Nord-Südlinien der Kompaßdose parallel zu den Nord-Südgitterlinien verlaufen und die Nordmarkierung zum oberen Kartenrand zeigt. (Die Lage der Magnetnadel ist unwichtig). Jetzt zeigt die obere Anlegekante in Richtung zum gesuchten Punkt.

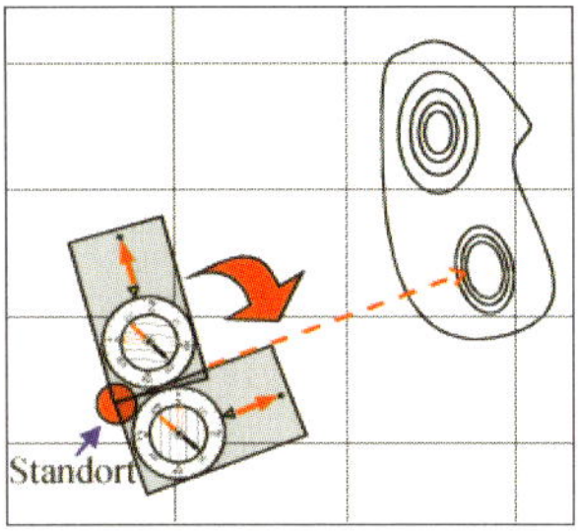

Abbildung 52 Identifizierung von Landschaftspunkten mit einem Plattenkompaß

Wurde die Visierung mit einem einfachen Kompaß vorgenommen, so wird er auf der Karte genau auf den Standort gelegt. Die Nord-Südverbindung der Kompaßrose muß parallel zu den Nord-Südgitterlinien liegen und die Nordrichtung zum oberen Kartenrand zeigen. Bedeutungslos ist die Lage der Magnetnadel. Vorsichtig schieben wir, ohne die Lage des Kompasses zu verändern, einen Papierstreifen darunter. Die obere Kante muß durch den Standort laufen. Nun drehen wir den Streifen, – kontrollieren immer, daß er weiter den Standort schneidet –, bis seine Kante genau unter dem an der Kompaßrose abzulesenden Visierwinkel liegt.

Grundsätzlich sind die Ergebnisse an Hand der annähernd eingenordeten Karte in der Landschaft zu überprüfen.

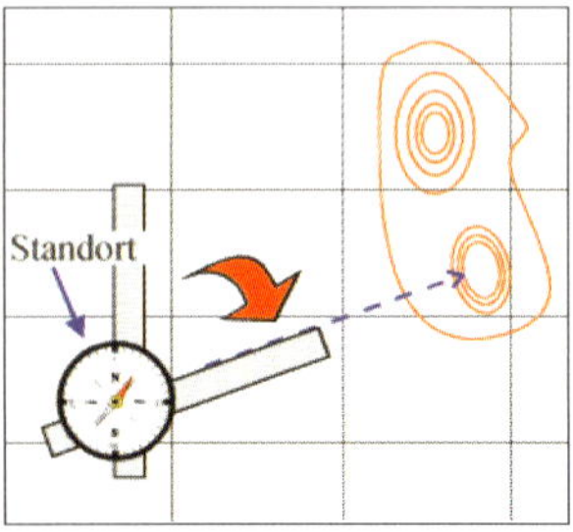

Abbildung 53 Identifizierung von Landschaftspunkten mit einfachem Kompaß

16.4 Standortsuche durch ein Rückwärtsschneiden des Visierwinkels

Häufig wird beim Wandern gefragt: »Wo sind wir?«; »Wieweit ist es noch bis zum Ziel«. Befinden wir uns auf einer längeren, geradlinigen Strecke, so läßt sich diese Frage ohne die Benutzung eines Schrittzählers oder ein ständiges Verfolgen auf der Karte gar nicht so schnell beantworten. Sehen wir aber im Umfeld auffällige und auf der Karte eindeutig zu identifizierende Punkte (Orientierungspunkt), läßt sich der Standort relativ rasch durch ein Rückwärtsschneiden des Visierwinkels ermitteln. Bei diesem sogenannten Rückwärtsschneiden wird der Kompaß nicht wie üblich auf der Karte an den Standort (den wir ja kennen) sondern an den Orientierungspunkt (Ziel) angelegt. Von dort wird eine Linie in Richtung zum gesuchten Standort zurückgezogen (zurückgeschnitten). Der Schnittpunkt mit dem Wanderweg ist der gesuchte Standort.

Tip 23
Die Zuverlässigkeit der Messung erhöht sich, je mehr sich der Visierwinkel einem rechten Winkel (90°) nähert und je mehr Punkte anvisiert werden.

16.4.1 Rückwärtsschneiden mit einem modernen Plattenkompaß (Spiegelkompaß)

Fand sich im Umfeld ein geeignetes Objekt (Orientierungspunkt) zum Visieren, so muß es auch auf der Karte eindeutig zu erkennen sein. Erst dann lohnt sich eine Visierung (Kapitel 16.1.1). Haben wir den Orientierungspunkt auf der Karte gefunden, wird er in der Landschaft visiert. Danach legen wir den

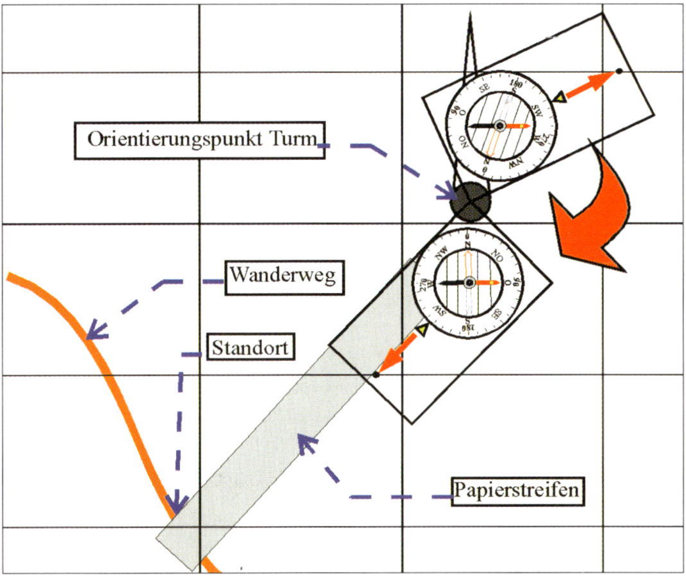

Abbildung 54 Rückwärtsschneiden mit einem modernen Plattenkompaß

Kompaß mit dem noch immer eingestellten Visierwinkel auf die Karte über den Orientierungspunkt. Nun folgen wir der Vorschrift 13.

Regel 13 Rückwärtsschneiden mit modernem Plattenkompaß

1. Der Kompaß wird so auf die Karte gelegt, daß die rechte obere Ecke der langen Anlegekante auf dem visierten Orientierungspunkt zu liegen kommt.
2. Um diesen Punkt wird der Kompaß so lange gedreht, bis die Nord-Südlinien der Kompaßdose parallel zu den Nord-Südgitterlinien der Karte liegen und die Nordmarke zum oberen Kartenrand weist. Die Lage der Magnetnadel ist unwichtig.
3. Der Schnittpunkt der oberen im Bedarfsfall verlängerten Kante mit dem Wanderweg ist der gesuchte Standort.

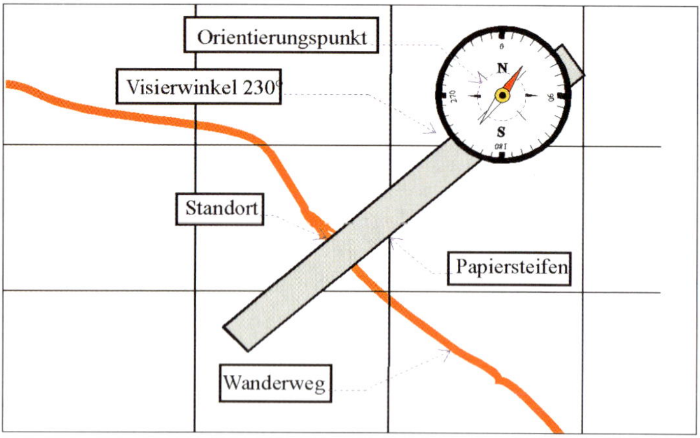

Abbildung 55 Rückwärtsschneiden mit einem einfachen Kompaß

16.4.2 Rückwärtsschneiden mit einem Jugendkompaß

Zunächst wird, wie unter 16.1.2 beschrieben, der Orientierungspunkt visiert. Nach Ablesen des Visierwinkels wird der Kompaß auf die Karte gelegt. Der Kompaßmittelpunkt muß genau auf dem Orientierungspunkt liegen, die Nord-Verbindung parallel zu den Nord-Südgitterlinien verlaufen und Norden zum oberen Kartenrand zeigen. Anschließend schieben wir vorsichtig einen Papierstreifen unter den Kompaß und drehen diesen, bis er in Richtung des an der Kompaßrose abgelesenen Visierwinkels zeigt. Die obere Papierkante schneidet nun den Wanderweg am Standort.

16.4.3 Rückwärtsschneiden mit dem Armbandkompaß

Nach der Visierung binden wir den Armbandkompaß ab und legen ihn auf die Karte. Das Armbandende, in welches der Richtungspfeil zeigt, muß am Orientierungspunkt anliegen. Nun wird das Armband samt der Kompaßdose solange um den Punkt gedreht, bis die Nord-Südlinien parallel zu den Nord-Südgitterlinien verlaufen und die Nordmarkierung zum oberen Kartenrand zeigt. An der Stelle, wo das Armband den Wanderweg schneidet, befindet sich unser Standort.

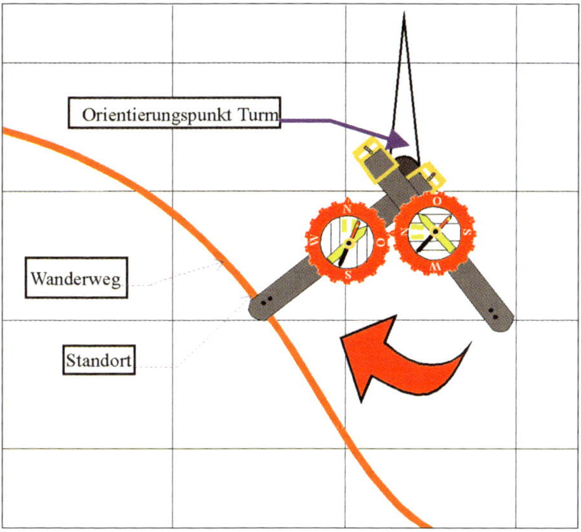

Abbildung 56 Rückwärtsschneiden mit einem Armbandkompaß

16.4.4 Rückwärtsschneiden mit der Kompaßuhr

Wenn auch etwas umständlich, so läßt sich auch die Kompaßuhr zum Rückwärtsschneiden benutzen. Wie im Kapitel 16.1.4 beschrieben, visieren wir zuerst den Orientierungspunkt und merken uns den angezeigten Visierwinkel. Nun breiten wir die Karte aus und legen die abgebundene Kompaßuhr an eine der Nord-Südgitterlinien oder den seitlichen Kartenrand. Dabei muß die rechte Kompaß- bzw. Armbandseite zum oberen Kartenrand zeigen. Darauf folgt das Auslösen des Meßvorganges und die Ablesung des Wertes (Richtungswert-Nord). Durch eine Addition des Richtungswertes-Nord und des Visierwinkels erhalten wir den Richtungswert.

Richtungswert = Visierwinkel + Richtungswert-Nord,
liegt der Richtungswert über 360°, sind davon 360° abzuziehen.
Richtungswert = Richtungswert – 360°.

Beispiel 14 Rückwärtsschneiden mit der Kompaßuhr (Richtwertberechnung)

Bei der Visierung eines Orientierungspunktes wurde an der Kompaßuhr ein Visierwinkel von 270° abgelesen. Nach dem Auflegen auf die Karte und der Ausrichtung nach den Nord-Südgitterlinien ergab sich ein Richtungswert-Nord von 240°. Aus diesen Werten berechnet sich

Richtungswert = 270 + 240 = 510°

Weil dieser Wert über 360° liegt, sind 360° abzuziehen.

Richtungswert = 510 – 360 = 150°.

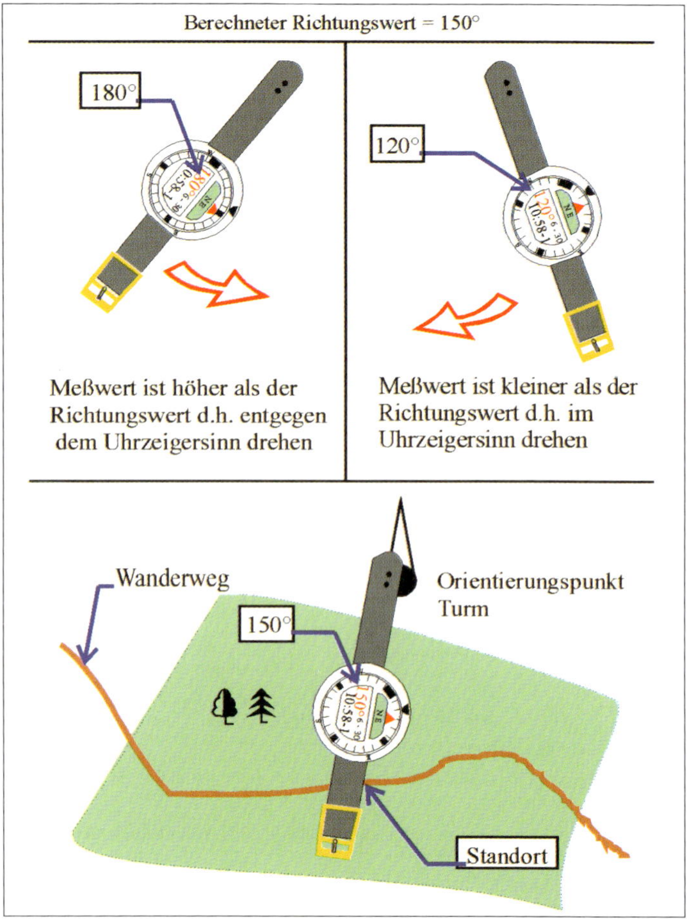

Abbildung 57 Rückwärtsschneiden mit einer Kompaßuhr

Nach der Berechnung des Richtungswertes legen wir die Kompaßuhr, ohne die Lage der Karte zu verändern, so auf die Karte, daß die linke Armbandseite den Orientierungspunkt schneidet. Die rechte Seite muß etwa in Richtung des gesuchten Standortes zeigen. Jetzt kann die erste Messung erfolgen. Liegt dieser Meßwert unter dem berechneten Richtungswert, wird die Kompaßuhr im Uhrzeigersinn um den Orientierungspunkt gedreht und der nächste Meßvorgang ausgelöst. Liegt der Meßwert über dem Richtungswert, wird entgegen dem Uhrzeigersinn gedreht. Stimmt schließlich der Meßwert mit dem Richtungswert überein, befindet sich am Schnittpunkt unser Standort.

17 Umgehung von Hindernissen

Nichts Böses ahnend, folgen wir unserem Kurs. Plötzlich und unvermutet steht vor uns, ein nicht auf der Karte eingezeichnetes Hindernis. Sei es nun eine überschwemmte Wiese, ein neu angelegter Steinbruch, ein undurchdringbares Dickicht oder ein Sperrgebiet. Jetzt gilt es erst einmal in aller Ruhe zu überlegen, wie das Hindernis zu umgehen ist. Soll es an der linken oder rechten Seite bewältigt werden? Der kürzeste Weg ist oft nicht der sicherste! Besonders im Gebirge ist die Umgehungsstrecke sorgfältig auszuwählen. Ein Weg entlang eines Steilhanges kann lebensgefährlich werden! Findet sich keine geeignete Umgehungsstrecke, dann lieber umkehren!

Zur Umgehung bestehen zwei Möglichkeiten:

1. Umgehung eines überblickbaren Hindernisses an Hand eines am Standort oder auf der Gegenseite gefundenen Hilfszieles.
2. Umgehung mit Hilfe des Kompasses.Wenn auch etwas kompliziert, so läßt sich das Hindernis wie unter 16.2 beschrieben, umgehen.

Wie auch das Hindernis umgangen wird, hinterher wollen wir in der alten Richtung weiterwandern. Also, vorher den Kurswinkel merken und ihn nach Möglichkeit nicht verstellen.

17.1 Umgehung eines überblickbaren Hindernisses durch Suchen eines Hilfszieles

Haben wir uns für eine Seite entschieden, sehen wir uns nach einem geeigneten Hilfsziel um. Finden wir es auf der Standortseite, so muß es auch auf der Gegenseite zu sehen sein. Die Umgehung läßt sich dann relativ leicht bewältigen. Eventuell kann ein im Umfeld liegender Ast an das Objekt angelehnt werden. Ein Abbrechen von Zweigen oder Anbinden von Bändern wie es manchmal noch vorgeschlagen wird, ist nicht mehr zeitgemäß. Erblicken wir auf der Gegenseite, ein ungefähr in Kursrichtung liegendes auffälliges Objekt, so können wir auch dieses nutzen. Allerdings ist zu beachten, daß das Hilfsziel – da wir uns seitlich nähern – auf der Gegenseite ganz anders aussehen kann.

Tip 24
Wandern wir nicht allein, so läßt sich auch unser Wanderkamerad als Hilfsziel benutzen. Entweder bleibt er am Standort stehen, bis wir die Gegenseite erreichen, oder er geht zur Gegenseite voraus.

Im Anschluß an die Wahl des Hilfsziels wird das Hindernis umgangen. Fand sich das Hilfsziel auf der Gegenseite, wandern wir bis zu diesem Punkt und folgen dort dem ursprünglichen Kurswinkel. Lag das Hilfsziel auf der Standortseite, so schreiten wir auf der Gegenseite bis etwa in Höhe des Hilfszieles. Jetzt wird der Kompaß benötigt. Nach Einstellen des Gegenkurses – d.h. die Südseite der Kompaßnadel muß zur Nordmarkierung zeigen, – geht es weiter, bis das Hilfsziel genau auf dem Kurs liegt. Dort wird die Nordseite der Magnetnadel auf die Nordmarkierung ausgerichtet. Nun können wir weiter unserem ursprünglichen Kurs folgen.

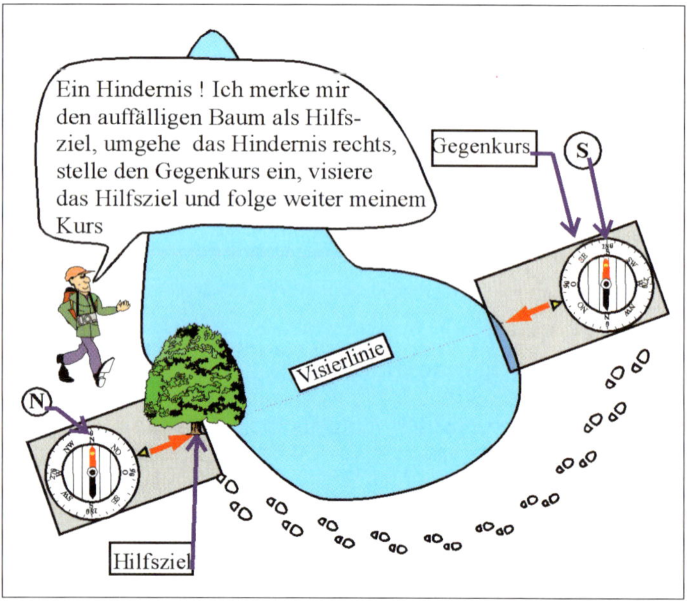

Abbildung 58 Umgehung eines überblickbaren Hindernisses durch die Wahl eines Hilfszieles

17.2 Umgehung eines Hindernisses mit Hilfe des Kompasses

Zunächst schätzen wir die Situation ein, breiten die Karte aus und verlängern den bisherigen Kurs über die vermutete Hindernisgröße. Darauf müssen wir uns für eine Seite entscheiden. Jetzt ist der Umgehungswinkel festzulegen. In der Praxis hat sich ein Winkel von 60° (gleichseitiges Dreieck) und 90° (rechter Winkel) bewährt. Dabei ist der letztere zu empfehlen. Einerseits biegen die meisten Wege im rechten Winkel ab und andererseits läßt sich der Winkel problemlos verlängern (ansetzen). Die Umgehung mit dem 60° Winkel verkürzt zwar die Wegstrecke, ist aber in der Handhabung problematischer. Wir sollten ihn nur anwenden, wenn die Umgehung mit einem gleichseitigen Dreieck gewährleistet ist.

● Umgehung eines Hindernisses

1. Der Winkel weg vom Kurs, muß dem Winkel zurück zum Kurs entsprechen.
2. Die Schrittzahl weg vom Kurs muß der Schrittzahl zurück zum Kurs entsprechen.
3. In der parallel zum Kurs verlaufenden Strecke wird ohne Schrittzählung nach dem ursprünglichen Kurs gewandert.
4. Bei einer Kursabweichung im rechten Winkel nach links, ist die Nordspitze der Magnetnadel auf Osten und bei einer nach rechts auf Westen zu stellen

Erfahrungsgemäß treten die größten Fehler bei der Schrittzählung auf. Schnell verliert man bei längeren Strecken die Übersicht. Hier zahlt sich die Anschaffung eines Schrittzählers aus. Besitzen wir keinen Schrittzähler, so empfiehlt es sich, alle 100 Schritte einen Strich in das Notizbuch zu machen. Einige Kompaßmodelle gestatten durch Zeigerumlegung oder Strichmarkierung eine direkte Markierung am Kompaß.

Regel 14 Umgehung eines Hindernisses

1. Umgehungsseite auswählen
2. Umgehungswinkel auswählen (Vorschlag: rechter, 90° Winkel)
3. Umgehung im rechten Winkel
3.1 Nordspitze der Magnetnadel bei einer linksseitigen Umgehung auf Osten, bei einer rechtsseitigen auf Westen stellen. Achtung (!): Der bisherige Kurs darf nicht verstellt werden.
3.2 Seitlich am Hindernis vorbeischreiten und die Schritte bis zum Hindernisende zählen. Immer darauf achten, daß die Nordspitze der Magnetnadel nach Osten bzw. Westen zeigt.
3.3 Nach Erreichen des Hindernisendes im rechten Winkel einbiegen. Die Nordspitze der Magnetnadel auf Norden stellen und auf dem alten Kurs weiterwandern bis zum Ende des Hindernisses. (Schritte werden nicht gezählt).

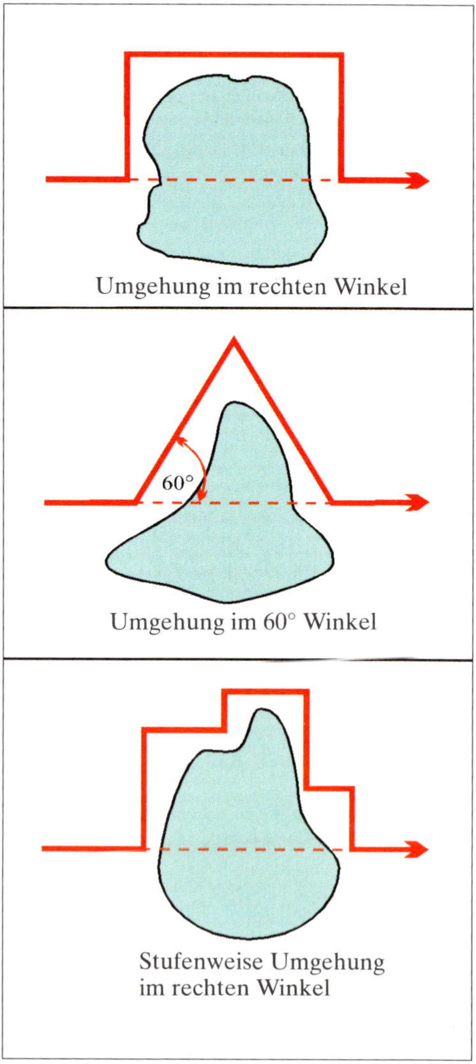

Abbildung 59 Prinzipielle Möglichkeiten der Umgehung eines Hindernisses

3.4 Am Ende in Richtung zum alten Weg einschwenken. Nordspitze der Magnetnadel bei rechtsseitigem Wechsel auf Westen, bei linksseitigem Wechsel auf Osten stellen. Gleiche Anzahl der gezählten Schritte zurückwandern.

3.5 Nach Erreichen der Schrittzahl die Nordspitze der Magnetnadel auf Norden stellen und ursprünglichem Kurs folgen.

4. Umgehung im 60° Winkel

4.1 Nordspitze der Magnetnadel bei einer linksseitigen Umgehung auf 60° bei einer rechtsseitigen auf 300° stellen. Achtung (!): Der bisherige Kurs darf nicht verstellt werden.

4.2 Seitlich am Hindernis vorbeischreiten und die Schritte bis zum Hindernisende zählen. Immer darauf achten, daß die Nordspitze der Magnetnadel auf 60° bzw. 300° zeigt.

4.3 Nach Erreichen des Hindernisendes in Richtung zum alten Weg einschwenken. Bei linksseitigem Wechsel die Nordspitze der Magnetnadel auf 300° stellen, bei rechtsseitigem Wechsel auf 60° stellen. Gleiche Anzahl der gezählten Schritte zurückschreiten.

4.4 Nach Erreichen der Schrittzahl die Nordspitze der Magnetnadel auf Norden stellen und ursprünglichem Kurs folgen.

Wurde am Kompaß ein Mißweisungsausgleich eingestellt und befinden sich die Umgehungsmarken nicht auf der Ausgleichscheibe, ist eine Umrechnung vorzunehmen. Für Osten gilt dann 90° + bzw – Mißweisung (östliche sind zu addieren, westliche zu subtrahieren). Für Westen gilt 300° + bzw. – Mißweisung (östliche sind zu addieren, westliche zu subtrahieren).

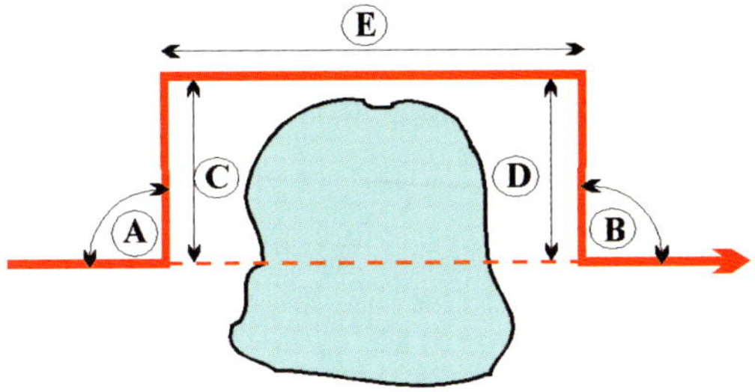

Winkel A muß Winkel B entsprechen
Strecke C muß genau so lang wie Strecke D sein
Winkel der Strecke E muß dem Kurswinkel entsprechen
Länge der Strecke E ist ohne Bedeutung

Abbildung 60 Was bei der Umgehung eines Hindernisses zu beachten ist

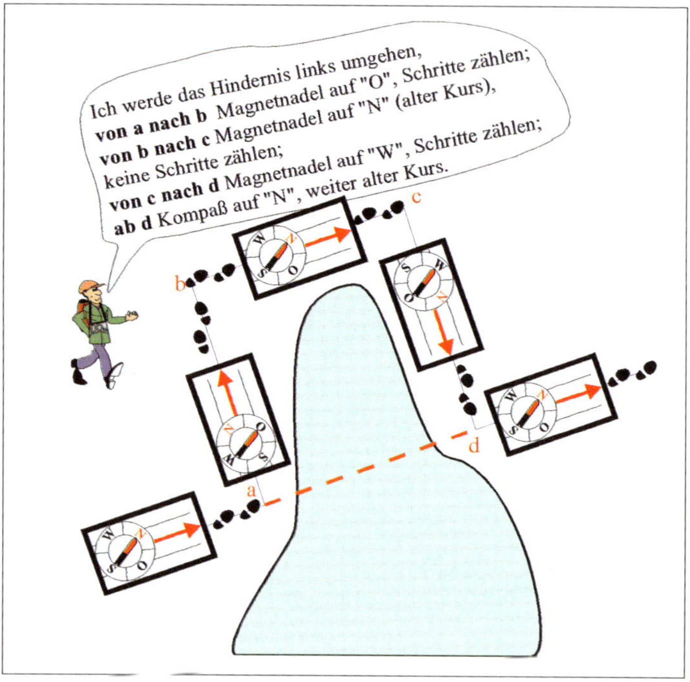

Abbildung 61 So wird ein Hindernis im rechten Winkel umgangen

18 Hilfe! Wir wissen nicht mehr, wo wir uns befinden.

Wandern wir nicht ständig mit der Karte in der Hand, unterhalten uns mit dem Wanderkameraden oder besitzen eine nicht mehr dem neuesten Stand entsprechende Wanderkarte, kann es schnell passieren, daß wir unseren Standort nicht mehr auf der Karte finden. Weitere Ursachen sind auch plötzlich aufhörende Wegemarkierungen, lange geradlinige Wanderstrecken ohne besondere Merkmale, das Einschlagen eines falschen Weges, Umgehung eines Hindernisses oder Nebel. Jetzt heißt es den Standort zu finden.

Prinzipiell sind zwei Grenzfälle möglich

1. Wir wandern noch auf dem richtigen Kurs und wollen nur wissen, wo wir uns zur Zeit befinden

2. Wir haben uns echt verlaufen und kennen unseren Standort überhaupt nicht mehr.

Der erste Fall ist unproblematisch. Im zweiten Fall gilt es erst einmal Ruhe zu bewahren! In Mitteleuropa erreichen wir bestimmt innerhalb der nächsten Stunden eine bewohnte

Gegend. Wir dürfen nur nicht im Kreise laufen – was ohne Kompaß fast immer passiert. Der größte Fehler wäre jetzt, weiterzuwandern. Also stehenbleiben und zunächst an Hand der Karte überlegen, was falsch war. Auch der Kompaß sollte überprüft werden. Vielleicht war die Magnetnadel nicht nach Norden, sondern nach Süden ausgerichtet? Möglicherweise berechneten oder stellten wir einen falschen Kurs ein.

Zuerst ist der Suchbereich einzugrenzen. Ausgehend vom letzten sicheren Standort, wird die gewanderte Strecke abgeschätzt. Ein Schrittzähler leistet gute Dienste. Sonst muß über die verstrichene Zeit die Strecke überschlagen werden. Zur Sicherheit berücksichtigen wir zwei Grenzwerte: Einen Minimalwert, der in jedem Fall unter der geschätzten Entfernung liegt, und einen Maximalwert, der in jedem Fall darüber liegt. Auf der Karte sind beide Werte im Abstand vom letzten sicheren Standort einzutragen. Ist der eingeschlagene Kurs unbekannt, so sind (behelfsmäßig mit einer Nadel und Bleistift) um den letzten sicheren Standort Kreise für die minimale und maximale Entfernung zu ziehen. In diesem Bereich sollte unser noch unbekannter Standort liegen.

Beispiel 15 Eingrenzen des Suchbereichs

Seit dem letzten sicheren Standort sind wir 2 Stunden durch eine offene Landschaft gewandert. Dieses entspricht einer minimalen Suchentfernung von 120 min / 15 min = 8 km und einer maximalen Suchentfernung von 120 min / 20 min = 6 km.

Sind auf der Karte bis zu dieser Grenze keine markanten Orientierungspunkte, brauchbare Auffanglinien oder Möglichkeiten zur Visierung von zwei Orientierungspunkten zu erkennen, sollten wir besser zum letzten sicheren Standort zurückwandern. Aber Vorsicht! Von der Rückseite sieht der Wanderweg meist ganz anders aus.

Tip 25 Umsehen

Da immer die Möglichkeit besteht, daß wir zurücklaufen müssen, ist es ratsam, sich oft umzusehen und den Wanderweg von der Rückseite zu betrachten.

Regel 15 Rettung beim Verlaufen

1. Keine Panik!
2. Begangenen Fehler suchen.
3. Eventuell zum letzten mit Sicherheit bekannten Standort zurücklaufen.
4. Suchbereich eingrenzen (Kapitel 18.1).
5. Bereich nach gefährlichen Stellen (Steilhängen, Steinbrüchen, Sumpfgebieten usw.) absuchen. Notfalls nach einem geeigneten Ort zur Übernachtung ausschauen.

6. Im wahrscheinlichsten Gebiet nach Auffanglinien oder Orientierungspunkten suchen und dorthin wandern.
7. Sehen, ob sich im Umfeld auffällige und exakt zu bestimmende Objekte (See, Brücke, Türme, Landstraßen, Wegspinne, Steilanstiege usw.) befinden.
8. Eine mutmaßliche Richtung zum Ziel auswählen und dieser ohne Abweichung folgen, bis am Weg liegende Objekte eine Standortbestimmung oder Orientierungspunkte eine Visierung erlauben.
9. Versprechen die Maßnahmen keine Hilfe, dann durch Folgen einer Telefonleitung, Stromleitung, Straße, Bach (flußabwärts) nach einem bewohnten Anwesen suchen.

   Zur genauen Standortbestimmung gibt es verschiedene Methoden. Welche davon anzuwenden ist, entscheidet die Situation.

Tip 26 Standortsuche
Bei einer Standortsuche ist es ratsam, mit einer eingenordeten Karte (Kapitel 13.4) zu arbeiten.

18.1 Wir sind noch auf dem richtigen Kurs, kennen aber unseren gegenwärtigen Standort nicht.

18.1.1 Suchverfahren: Orientierungspunkt

Bei dieser Methode wird die Wanderung in Zielrichtung zu einem auch auf der Karte eingezeichneten Orientierungspunkt fortgesetzt. Als Orientierungspunkte eignen sich sämtliche auf der Karte als Symbole dargestellten Objekte. Im Wald kann es auch eine Wegkreuzung oder Wegspinne sein. Dort sind zur Unterscheidung von ähnlichen Objekten die Winkel der abzweigenden Wege zu bestimmen. Auch die auf den meisten Karten eingetragenen und an den Ecken der Forstabteilungen (Revier, Jagen) mit kleinen Tafeln bzw. auf Jagensteinen angebrachten Forstabteilungsnummern eignen sich ausgezeichnet zur Standortbestimmung.

18.1.2 Suchverfahren: Visierung von Orientierungspunkten

Diese Methode bewährt sich besonders in einer offenen Landschaft. Auch hier wandern wir in Zielrichtung, bis ein Orientierungspunkt zu sehen ist. Dieser muß sowohl in der Landschaft als auch auf der Karte exakt zu identifizieren sein. Anschließend verfahren wir wie im Kapitel 16.4 beschrieben.

Da das Verfahren nicht allzu genau ist, sollten wir nach weiteren auf dem Kurs liegenden Merkmalen, wie steigender oder fallender Weg, Wegkreuzung, Waldgrenze usw. ausschauen.

18.1.3 Suchverfahren: Kurswinkel und Höhenlinie

In den Bergen läßt sich recht gut der Standort in der Kombination Höhenmesser und einer Karte mit eingezeichneten Höhenlinien finden. Je steiler der An- oder Abstieg, d. h. je dichter die Höhenlinien folgen, desto genauer ist auch die Messung. Allerdings erhalten wir nur bei einer ständigen Korrektur des Höhenmessers (Kapitel 11) nutzbare Werte.

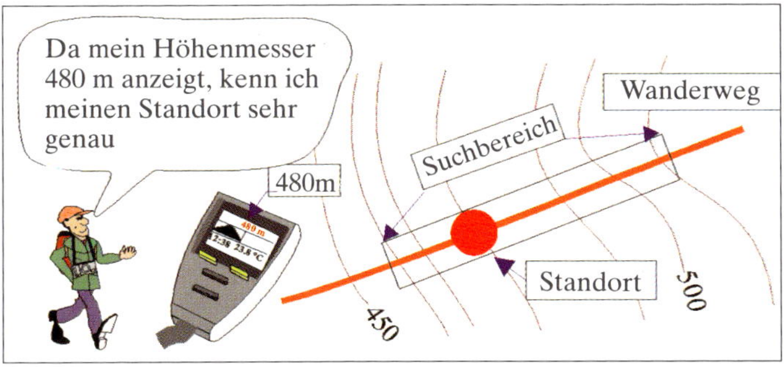

Abbildung 62 Standortsuche mit dem Höhenmesser

Zur Standortsuche wird auf der Karte der Kurswinkel eingezeichnet. Auf dieser Linie wird – in dem eingegrenzten Suchbereich – der Schnittpunkt zu der mit dem Höhenmesser ermittelten Höhe gesucht. Zum Schluß wird das Ergebnis mit dem Profil der Umgebung (ansteigend oder fallend) verglichen.

Auch ohne Höhenmesser können uns die Höhenlinien weiterhelfen. Als erstes ist die Kurslinie bis in das fragliche Gebiet zu ziehen. Dann wird auf der Karte, die Darstellung der auf der Kurslinie liegenden Höhenlinien (Steilheit, Plateau, Tal usw.) mit dem Profil des Umfeldes verglichen. Daraus versuchen wir unseren Standort zu finden. Dieses Verfahren führt selbst in einer fast ebenen Landschaft zu recht brauchbaren Ergebnissen.

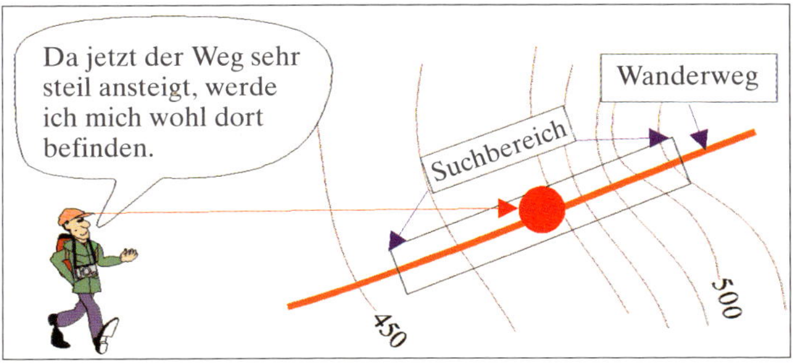

Abbildung 63 Standortsuche durch Profilvergleich

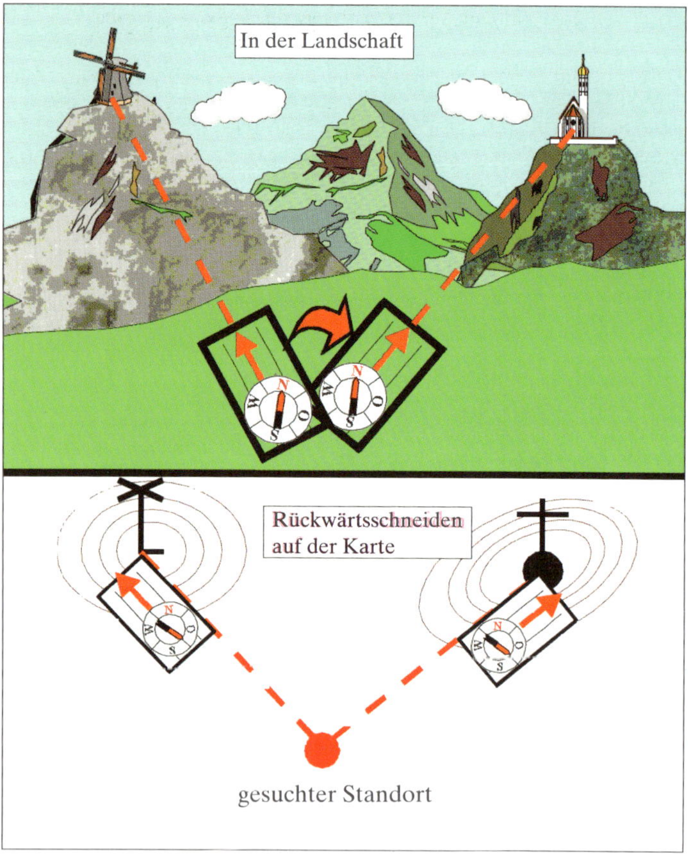

Abbildung 64 Standortsuche durch Rückwärtsschneiden von zwei Orientierungspunkten

18.1.4 Suchverfahren: Zwei oder mehrere Orientierungspunkte

Zur Standortbestimmung durch Visierung werden mindestens zwei Orientierungspunkte – besser drei – benötigt. Nach Möglichkeit sollten sie einen Winkel von 90° bilden. Von diesen Punkten schneiden wir wie unter 16.4 beschrieben rückwärts, bis sich die Linien kreuzen. Der Kreuzungspunkt ist unser Standort.

Wegen der noch bestehenden Unsicherheiten sollte stets die Umgebung mit einer eingenordeten Karte verglichen werden.

19 Wandern mit einem GPS-Empfänger

Beim herkömmlichen Wandern mit dem Kompaß wird ausschließlich nach Winkeln (Kurswinkel, Marschrichtungszahl) gewandert. Position, Wegstrecken und Höhen lassen sich nicht messen. Eine Standortbestimmung ist nur an einem markanten Ort in Verbindung mit der Karte möglich. Ganz anders bei dem Wandern mit dem GPS-Empfänger. Hier sind nur die Koordinaten (Breite und Länge) von Bedeutung und diese werden dem Empfänger als Wegpunkte eingegeben.

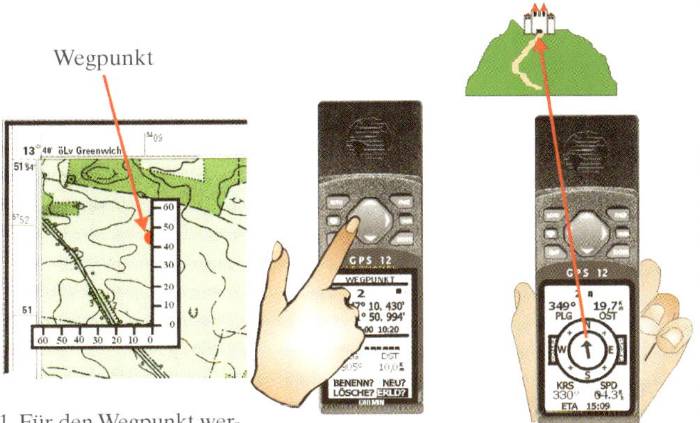

1. Für den Wegpunkt werden die Koordinaten Breite und Länge der Karte entnommen.

2. Die Koordinaten werden in den GPS-Empfänger eingegeben.

3. Der Richtungspfeil zeigt zum Ziel.

Abbildung 65 Wandern mit dem GPS-Empfänger

Die meisten GPS-Empfänger erlauben drei prinzipielle Arten zu navigieren.

1. Eine direkte Wanderung zum Ziel (Goto Route) durch Eingabe der Zielkoordinaten.

2. Eingabe einer Route durch Speichern der Koordinaten von Wegpunkten.

3. Wanderung nach herkömmlicher Art durch Eingabe von Referenzwegpunkten.

Wollen wir eine Wanderung in den GPS-Empfänger eingeben, so ist diese wie üblich auf der Karte auszuwählen. Bei einem Richtungswechsel sind die Koordinaten der Karte zu entnehmen und als Wegpunkte manuell oder automatisch bei PC-Kopplung in den GPS-Empfänger einzugeben. Dort werden sie zu einer Route (Wanderung) zusammengestellt. Danach kann die Wanderung beginnen. Gleich am Startpunkt wird die erste Messung durchgeführt. Nach dem Einschalten sucht der Empfänger die Satelliten, was etwa fünf Minuten dauern kann. Sind die Satelliten gefunden, läßt sich der exakte Standort ablesen. Darauf wird die gespeicherte Route abgerufen. Die Kompaßseite zeigt nun den Kurs zum nächsten Wegpunkt an, allerdings nur den direkten Weg. Vorher müssen wir etwa 30 Meter in eine beliebige Richtung laufen um einen zweiten Meßpunkt festzulegen. Versperrt ein Hindernis die direkte Richtung zum Ziel, ist es nicht weiter schlimm. Wir wandern dann ungefähr in die Richtung und navigieren bei der nächsten Gelegenheit zum Ziel (Abbildung 66).

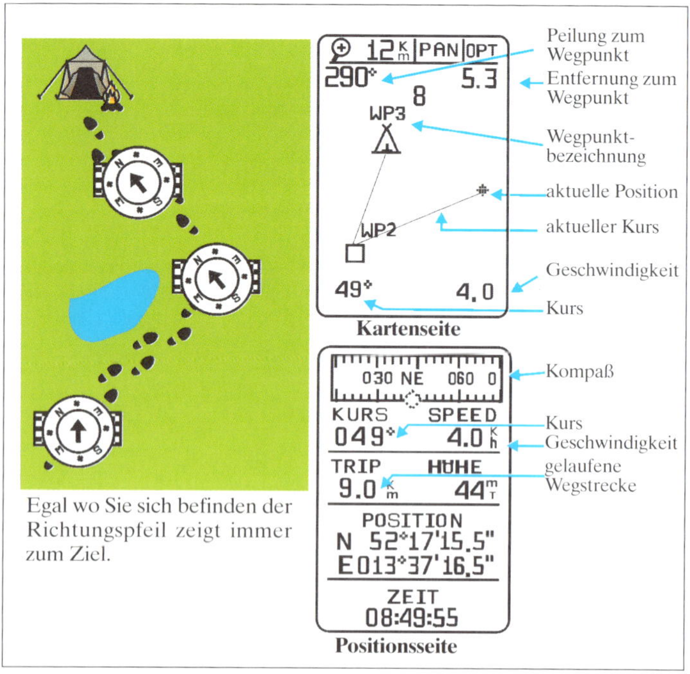

Abbildung 66 Der Richtungspfeil bringt uns sicher zum Ziel.

Während der Wanderung wird ständig die Kursanzeige korrigiert und gleichzeitig die Durchschnittsgeschwindigkeit, zurückgelegte Wegstrecke, Entfernung und voraussichtliche Ankunftszeit dargestellt. Ist der erste Wegpunkt erreicht, bringt uns der GPS-Empfänger genau so zum zweiten Wegpunkt.

Natürlich läßt sich die Route auch auf der Kartenseite anzeigen. Zur Zurückverfolgung der Route bestehen zwei Möglichkeiten. Entweder wir rufen im Routenmenü die Route auf und drehen die Route durch Anwählen von »INV?« einfach um oder benutzen die elegantere TrackBack-Navigation. Diese Funktion ermöglicht die schnelle und einfache Rückverfolgung des Weges durch Benutzung einer automatischen Kursaufzeichnung.

Soll wie gewohnt eine Wanderung nach der herkömmlichen Art durchgeführt werden, so eignet sich dazu die Referenzpunktmethode. Die Vorgehensweise entspricht dem Wandern mit dem Kompaß. Vom aktuellen Standort wird auf der Karte der Winkel und die Entfernung zum nächsten Wegpunkt bestimmt und als Referenzpunkt in den GPS-Empfänger eingeben.

Mit einem Handheld PC (Palm und Pocket) sind wir in der Lage aus einem einfachen GPS-Empfänger ein mobiles Navigationssystem zu schaffen, welches jeden hochwertigen GPS-Empfänger mit integriertem Kartensystem übertrifft und beinah die Qualität eines im Auto integrierten Navigationssystems erreicht. Der Vorteil liegt in der handlichen Größe. Selbst ein Wanderer kann sie tragen. Der Nachteil ist der kleine Bildschirm, der nur ein eingeschränktes Umfeld zeigt. Wer sich näher mit dem GPS-Empfänger befassen will, dem sei das Buch »Auf Tour mit dem GPS-Empfänger« vom Deutschen Wanderverlag empfohlen.

20 Gut geplant, ist halb gewandert

20.1 Grobplanung

Wie bei vielen Dingen im Leben beginnt die Wanderung mit einer Planung. Start- und Zielpunkt sollten schon bekannt sein. Neben der Karte benötigen wir ein Lineal, Stechzirkel oder Papierstreifen, Bleistift, Kurvimeter und den Kompaß oder Winkelmesser.

Nun kann die Grobplanung beginnen. Zuerst ist die Länge der Wanderstrecke zu überschlagen. Was nützt schon die gut vorbereitete Wanderung, wenn sie nicht zu bewältigen oder der letzte Anschlußzug längst abgefahren ist? Deshalb schätzen wir zuerst die Länge der Wanderstrecke ab. Ohne auf Einzelheiten zu achten, wird dazu die kürzeste Wegstrecke ausgesucht. In diesem Fall darf es auch eine Straße sein. Die Länge der Wegstrecke wird dann am einfachsten und schnellsten mit der Papierstreifenmethode überschlagen.

Bei dieser Methode werden die einzelnen Teilstrecken fortlaufend auf einem Papierstreifen markiert. Am Schluß wird die gesamte Strecke ausgemessen. Mit dem Kartenmaßstab und der Leitertafel (Anlage) läßt sich dann die Wanderstrecke berechnen. Sie ist dann im Gelände allerdings etwas länger. Aus diesem Grund addieren wir zur Sicherheit noch 1/4 der gesamten

Strecke. Entspricht diese Strecke unserer Vorstellung, kann die Feinplanung beginnen.

20.2 Streckenwahl

Als nächstes ist der Termin der Wanderung zu beachten. Soll die Wanderung im Sommer und womöglich noch zur Mittagszeit erfolgen, so wäre ein schattiger Weg auszuwählen. Nach Möglichkeit sollte er nicht in der Nord-Südrichtung verlaufen. Liegt der Weg am Waldrand, entscheiden wir uns für die Nordseite.

Schließlich wollen wir unseren Wanderweg etwas interessanter gestalten, denn nichts ermüdet mehr als eine schnurgerade Strecke ohne Abwechslungen. Ein geschwungener Weg wäre eine Alternative. Befindet sich ein interessanter Ort, etwa ein Aussichtspunkt, eine Ruine, ein Hünengrab, eine Mühle, ein Denkmal usw. in der Nähe, so werden wir diese in unsere Wanderung einbeziehen.

Tip 28 Wegwahl
Nach Möglichkeit sind nur auf der Karte eingezeichnete Wege auszuwählen. Eine scheinbare Abkürzung über unwegsames Gelände oder durch Dickicht kostet meist viel Kraft und Zeit. Besteht keine Notwendigkeit (fehlende Aussicht), sind die Berge zu umgehen, denn 10 m Aufstieg entsprechen etwa 100 m glattem Weg.

Für Wetterveränderungen (Gewitter) sind Unterstellmöglichkeiten einzuplanen.

20.3 Streckenmessung

Haben wir den uns genehmen Wanderweg ausgewählt, kann die genaue Streckenmessung beginnen. Dazu wird die Karte auf eine

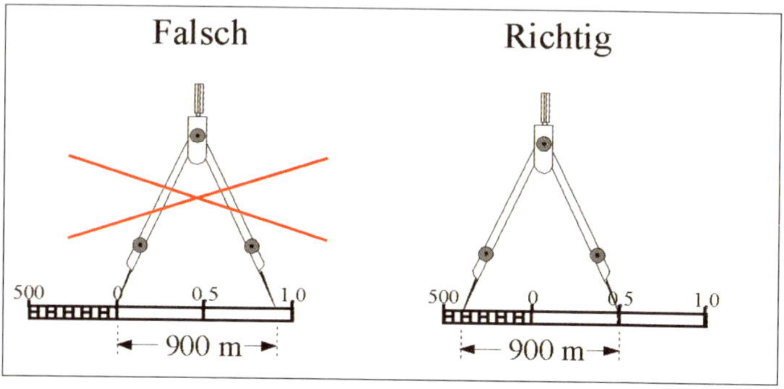

Abbildung 67 Richtige Anwendung des Kartenmaßstabes

ebene und harte Platte ohne Tischdecke gelegt. Bei der Verwendung eines Stechzirkels hat sich eine feste Pappunterlage bewährt.

Verhältnismäßig gerade Strecken messen wir am schnellsten und einfachsten mit dem Stechzirkel. Die Strecke wird beidseitig mit den Zirkelspitzen abgegriffen und, ohne die Zirkelspanne zu verändern wird der Zirkel auf der Karte an die Maßstabskala gesetzt. Im Gegensatz zur gewohnten Arbeitsweise setzen wir, wie in der 68 gezeigt, die linke Zirkelspitze nicht bei Null an, sondern suchen uns mit der rechten Spitze den nächsten markierten Strich. Zu diesem Wert wird der, links vom Nullpunkt liegende Wert addiert.

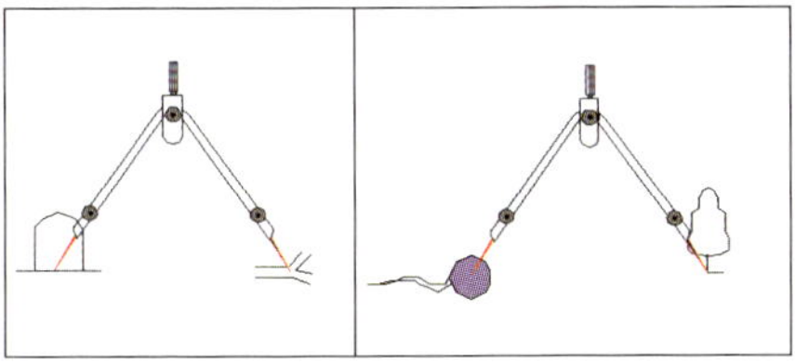

Abbildung 68
Richtige Streckenmessung unter Beachtung der Lagebezugspunkte

Beginnt oder endet die Meßstrecke bei einem Kartenzeichen sind die Lagebezugspunkte der Kartenzeichen, zu beachten (Kapitel 7.1). Gekrümmte Strecken werden mit Stechzirkel ausgemessen. Bei dieser Methode wird an der Maßstabskala eine bestimmte Strecke etwa 50 m ausgewählt. Auf der Karte wird dann die gesuchte Wegstrecke durch Zählen der Bogenschläge ausgemessen. Die Reststrecke läßt sich leicht schätzen.

Schneller und problemloser läßt sich die Kartenstrecke mit einem Kurvimeter (Meßrädchen, Planimeter, Landkartenmesser) ausmessen. Das Prinzip beruht auf dem Abfahren der Strecke mit einem geriffelten Meßrädchen. Je nach der Art des Kurvimeters erfolgt die Anzeige rein mechanisch durch einen Zeiger oder elektronisch durch eine digitale Darstellung.

Vor dem Gebrauch des Kurvimeters ist unabhängig vom Gerät zu prüfen, ob es beim Vor- und Rückwärtsfahren addiert oder nur beim Vorwärtsfahren addiert und beim Rückwärtsfahren subtrahiert. Im ersten Fall muß das Kurvimeter der Strecke genau folgen, im zweiten Fall kann, wenn das Kurvimeter von der Strecke abgekommen ist, die Strecke zurückgefahren werden. Zur Vermeidung von bösen Überraschungen ist die Kurvimeteranzeige immer durch Abfahren der auf der Karte befindlichen Maßstabskala zu überprüfen.

Welche Methode wir auch benutzen, das Ergebnis ist immer nur annähernd genau. Bei einer kurvenreichen Strecke läßt sich kaum eine Genauigkeit unter 1 mm (beim Maßstab 1:50 000 sind es 50 m) erreichen. Dazu kommt, daß durch die Generalisierung

Abbildung 69 Mechanischer Kurvimeter

der Karten ein in der Natur gewundener Weg auf der Karte als gerade Linie dargestellt wird. Im Gebirge ergeben sich Wegverlängerungen durch den auf der Karte nicht darstellbaren Anstieg. Zur Anpassung an die wirklichen Werte sind deshalb die ermittelten Streckenwerte mit den in der Tabelle 13 angeführten, empirisch gefundenen Korrekturfaktoren zu multiplizieren.

Beispiel 16 Berechnung der wirklichen Wanderstrecke
Mit dem Kurvimeter ermittelten wir eine Strecke von 10 km. Bei einem Kartenmaßstab von 1:25 000 beträgt im Mittelgebirge die tatsächliche Wanderstrecke 10   1,1 = 11 km.

Tabelle 12 Korrekturfaktoren zur Umrechnung der Kartenstrecke in die Geländestrecke

Geländeart	1:25 000	1:50 000
Ebenes Gelände	1,00	1,00
Hügliges Gelände	1,02	1,05
Mittelgebirge	1,10	1,15

20.4 Wanderzeit

Ein weiter wichtiger Planungspunkt ist die Schätzung der Wanderzeit. Ob der Wanderer nun zu einer bestimmten Zeit einen Bus oder Zug erreichen muß oder ob er nur wissen will, wie lange er bei Sonnenhitze wandern muß, immer spielt die Berechnung der Wanderzeit eine wichtige Rolle.

Zur überschlagsmäßigen Berechnung benutzen wir die in der Abbildung 70 dargestellten Geschwindigkeiten.

Bei einer Bergbesteigung rechnet man für den ungeübten Wanderer zur Bewältigung von 300 m Höhenunterschied eine Stunde, also für 100 Meter 20 Minuten. Zu dieser Zeit addiert man die mittlere Wanderzeit für den ebenen Wiesenweg von 15 Minuten für 1000 Meter. Je nach den Schwierigkeiten kann sich die Zeit merklich ändern. Ein ständiger Wechsel der Steigung wird uns wesentlicher schneller ermüden als ein gleichmäßiger Anstieg. Bei der Bergwanderung sollten wir deshalb einen Wanderweg wählen, bei dem die Höhenlinien annähernd gleichen Abstand besitzen.

Ebenso kann eine intensive Sonnenstrahlung oder das Waten durch Schnee die Wanderzeit verlängern. Auch hier hilft uns eine richtige Planung. Nach Möglichkeit sollte um die Mittagszeit ein südlicher Aufstieg vermieden werden. Wiederum kann uns bei einem flachen nördlichen Aufstieg die Sonne störend in das Gesicht scheinen. Läßt sich ein Aufstieg zur Mittagszeit nicht vermeiden, findet man – falls Wald vorhanden ist – um diese Zeit bei einem östlichen oder westlichen Aufstieg den meisten Schatten.

Auch die Art des Weges wirkt sich aus. Bei einem Aufstieg über eine Grasfläche ist mehr Zeit als bei dem Wandern auf einem gepflegten Wanderweg einzuplanen.

Bei dem Abstieg kann man dann schon eine Höhendifferenz von 600 Meter in der Stunde meistern.

Regel 16 Berechnung der Wanderzeit bei einer Bergbesteigung

1. Miß auf der Karte die Länge der ebenen Wanderstrecke (Kapitel 20.3).

2. Berechne dafür die Wanderzeit:
Ebene Wanderzeit (Min.) = ebene Wanderstr. (Meter) · 0,015

3. Ermittle die Höhendifferenz (Kapitel 8.6)

4. Aufstieg

4.1 Berechne den Höhenzuschlag:
Höhenzuschlag (Minuten) = Höhendifferenz (Meter) · 0,2

4.2 Die gesamte Wanderzeit ergibt sich aus:
Gesamte Wanderzeit (Minuten) = Ebene Wanderzeit + Höhenzuschlag

5. Abstieg

5.1 Berechne den Höhenabschlag:
Höhenzuschlag (Minuten) = Höhendifferenz (Meter) · 0,1

5.2 Die gesamte Wanderzeit ergibt sich aus:
Gesamte Wanderzeit (Minuten) = Ebene Wanderzeit + Höhenabschlag

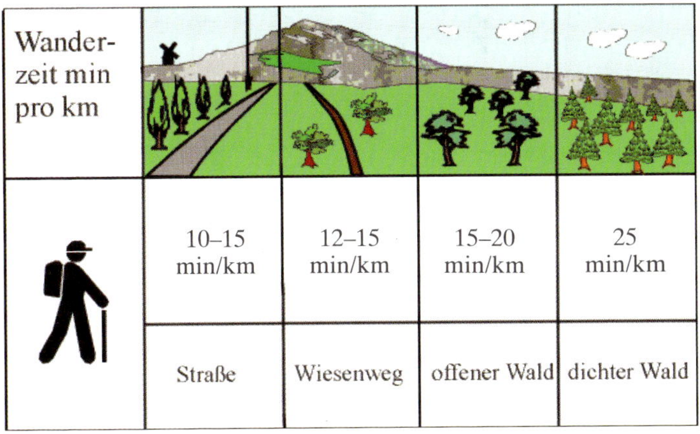

Abbildung 70 Mittlere Wandergeschwindigkeiten

Beispiel 17 Berechnung der Wanderzeit bei einer Bergbesteigung

ebene Wanderstrecke = 1000 m
Höhendifferenz = 400 m
ebene Wanderzeit = 1000 · 0,015 = 15 Minuten
Höhenzuschlag für den Aufstieg = 400 · 0,2 = 80 Minuten
Höhenabschlag für den Abstieg = 400 · 0,1 = 40 Minuten
Wanderzeit für den Aufstieg = 15 + 80 = 95 Minuten
= 1 Stunde und 35 Minuten
Wanderzeit für den Abstieg = 15 + 40 = 55 Minuten

20.5 Kontrollpunkte

Haben wir unsere Planung der Wanderung soweit abgeschlossen, wäre der nächste Schritt die Aufteilung in einzelne Streckenabschnitte. Jede Teilstrecke sollte bei einem Kontrollpunkt enden. Unter Kontrollpunkten werden auffällige Geländepunkte verstanden. Z. B. Weggabelungen, Orte mit Kursänderungen, steile An- oder Abstiege, Waldränder, Brücken, Denkmäler, Findlinge, Waldwiesen, einzelne Gebäude.

Beim Wandern schreiten wir von Kontrollpunkt zu Kontrollpunkt bis zum Ziel. Ein ständiges schauen auf den Kompaß erübrigt sich. Erst nach Erreichen des Kontrollpunktes wird der nächste Kurs am Kompaß eingestellt.

20.6 Auffangpunkte und Auffanglinien markieren.

Die Praxis zeigt, daß man trotz aller Aufmerksamkeit an einer Wegabzweigung oder gar am Ziel vorbeilaufen kann. In der Natur sieht es eben anders als auf der Karte aus. Oft sind auch die Karten nicht so genau.

Als Vorsichtsmaßnahme empfiehlt es sich, bereits vor der Wanderung Auffangpunkte und Auffanglinien auszuwählen. Auffangpunkte sind hinter dem Kontrollpunkt oder Ziel liegende, mit Sicherheit erkennbare Objekte. Diese sollen eindeutig zeigen, daß wir an einem Kontrollpunkt oder Ziel vorbeigelaufen sind und uns auf dem falschen Kurs befinden.

Auffanglinien sind dagegen langgestreckte, meist quer zur Wanderrichtung verlaufende Objekte wie Bäche, Schneisen, Straßen, Waldränder, Seeufer, Höhenlinien. Besondere Bedeutung besitzen sie bei einer Wanderung durch unwegsames Gelände. Kommen wir vom Weg ab und erreichen glücklich eine Auffanglinie, so ist es immer noch ungewiß ob sich das Ziel links oder rechts befindet. Ist kein markantes Objekt – etwa eine Brücke – in der Nähe, folgt man der Auffanglinie nach einer Seite. Bleibt die Suche ohne Erfolg, geht es zur anderen Seite. Ratsamer Weise wird deshalb gleich die Auffanglinie so schräg angesteuert, daß das Ziel mit Sicherheit nur auf einer Seite liegt.

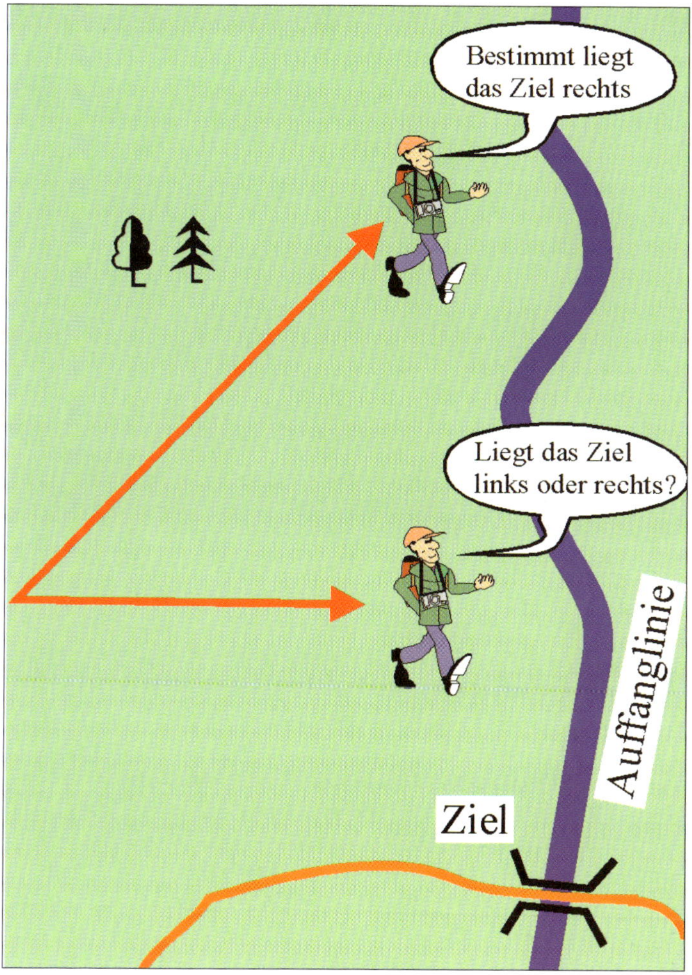

Abbildung 71 So wird eine Auffanglinie angesteuert

20.7 Die letzten Vorbereitungen: Wegetabelle anlegen.

Nachdem wir, gut vorbereitet, die Wanderung ausgewählt, die Kontrollpunkte und den Kurs bestimmt, Auffangpunkte und Auffanglinie festgelegt haben, sollten wir uns eine Wegetabelle anlegen. Im Gebirge wird sie durch eine Profilskizze (Kapitel 8.2) ergänzt.

Verwenden wir einen GPS-Empfänger, so tragen wir an Stelle des Kurswinkels die Koordinaten ein.

Tabelle 13 Beispiel für das Anlegen einer Wegtabelle

Kontrollpunkt	Objekt	Abstand vom letzten Kontrollpunkt (m)	Höhe (m)	Kurswinkel (ohne Mißweisung)	Auffangpunkt
Start			420	20	
1	Waldanfang	200	430	95	
2	Wegspinne	610	475	45	Bach
3	Denkmal	410	425	45	
usw.					

21 Wandern und Computer

Viele Wanderer verfügen über einen PC, und es gibt auch keinen Grund, ihn nicht für unsere Wanderungen zu benutzen. Gleich einige Vorschläge. Wie wäre es mit dem Anlegen einer Datenbank? Etwa wie in der Abbildung 72.

Man könnte sich dazu noch den entsprechenden Kartenausschnitt einscannen und bei Bedarf auch ausdrucken.

Ein weiteres Anwendungsgebiet wäre die Routenplanung. Wenn sich gegenwärtig die Programme zur Routenplanung noch vorwiegend auf die Ausgabe von Straßenkarten beschränken, wird sich das bald ändern. Es lohnt sich schon, hin und wieder in die Fachpresse zu blicken. Eine wertvolle Hilfe erhalten aber schon die Benutzer eines GPS-Empfängers. So geben die meisten Programme (Straßenatlas und Routenplaner) für den mit dem Cursor angefahrenen Punkt die genauen geographischen

Abbildung 72 So könnte eine Datenbank zum Speichern von Wanderungen aussehen

Koordinaten aus. Diese lassen sich dann problemlos in den Empfänger eingeben. Ein großer Zoombereich erleichtert die Suche.

Ein weiteres nützliches Programm ist das TOPO (Fa. C. Killet, Postfach 400258, 47896 Kempen). Mit diesem Programm lassen sich die Kennwerte der TK ausgeben. Überdies gestattet das Programm verschiedene Koordinatentransformationen (geographische, Gauß-Krüger nd UTM). Falls ein Ortsname eingegeben wird, zeigt das Programm den Blattnamen und die Blattnummer der TK25 an, auf der der Ort liegt. Eine weitere Graphik zeigt alle größeren Ortschaften an, die auf der aktuellen TK25 liegen. Aus einer Liste kann auch eine Ortschaft ausgewählt werden, zu der die TK25 und deren Kennwerte berechnet werden.

Anhang

1. Leitertafeln

Mit Hilfe der Leitertafeln läßt sich:

1. die Geländestrecke aus der Schrittweite und Schrittzahl,
2. die Schrittweite aus der Wanderstrecke und Schrittzahl,
3. die Geländestrecke aus dem Kartenmaßstab und der Kartenstrecke,
4. die Kartenstrecke aus dem Kartenmaßstab und der Geländestrecke berechnen. Jede Leitertafel besteht aus drei Leitern. Auf zwei Leitern befinden sich die bekannten Werte, z. B. »Schrittweite« und »Schrittzahl«. Werden zwei auf diesen Leitern liegende Punkte miteinander durch das Anlegen eines Lineals (zweckmäßig ist ein durchsichtiges) verbunden, läßt sich am Schnittpunkt mit der dritten Leiter – z. B. »Strecke in Metern« – der gesuchte Wert ablesen.

1.1 Berechnung der Geländestrecke aus der Schrittweite und der Schrittzahl bzw. der Schrittweite aus der Wanderstrecke und der Schrittzahl

Beispiel 18 Berechnung der Wanderstrecke und der persönlichen Schrittweite
Bei einer Wanderung zählten wir 250 Schritte. Das persönliche Schrittmaß betrug 0,8 m. Gesucht wird die entsprechende Wanderstrecke. Zur Lösung wird eine Gerade zwischen die Leiter »Schrittweite« und die Leiter »Schrittzahl« gelegt. An der Leiter »Strecke in Metern« lesen wir eine Wanderstrecke von 200 Metern ab.

Wird dagegen unsere persönliche Schrittweite gesucht. So verbinden wir die Leiter »Schrittzahl« und die Leiter »Strecke in Metern«. Zählten wir bei dem Abschreiten einer Teststrecke von 200 m 250 Schritte, so lesen wir an der Leiter »Schrittweite« ein persönliches Schrittmaß von 0,8 m ab.

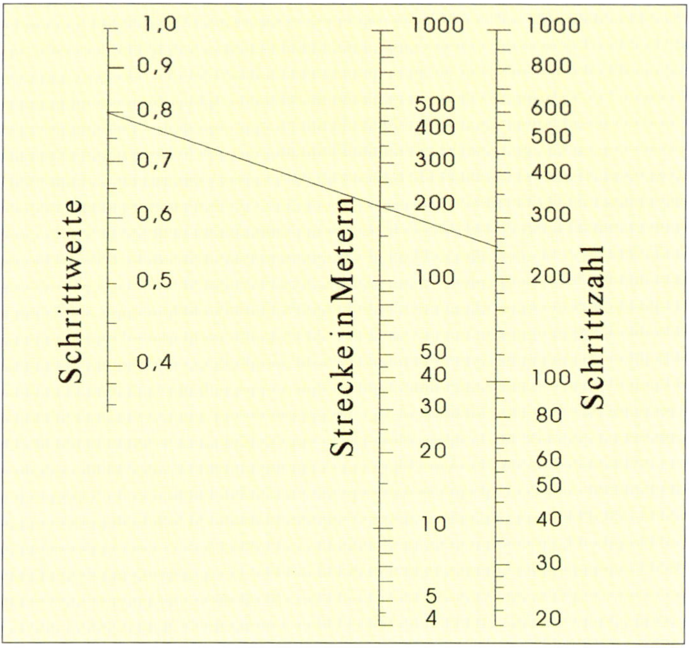

Abbildung 73 Berechnung der Geländestrecke aus der Schrittweite und Schrittzahl und der persönlichen Schrittweite aus der Wanderstrecke und Schrittzahl.

1.2 Berechnung der Geländestrecke aus dem Kartenmaßstab und der Kartenstrecke bzw. der Kartenstrecke aus dem Kartenmaßstab und der Geländestrecke.

Beispiel 19 Berechnung der Gelände- und Kartenstrecke
Gesucht wird die einer 4 cm (40mm) Kartenstrecke entsprechende Geländestrecke, wenn der Kartenmaßstab 1:25 000 beträgt. Zur Lösung wird eine Gerade zwischen die Leiter »Kartenstrecke« und die Leiter »Maßstab« gelegt. An der Leiter »Geländestrecke« steht 1000 m.

Suchen wir die Kartenstrecke, so legen wir die Gerade zwischen die Leiter »Kartenstrecke« und die Leiter »Maßstab«. Die bei einem Maßstab von 1:25 000, einer Wanderstrecke von 1000 m entsprechende Kartenstrecke beträgt demnach 4 cm.

2. Himmelsrichtungsbestimmung ohne Kompaß

Eine Himmelsrichtungsbestimmung ohne Kompaß ist nur etwas für den Notfall. In keinem Fall kann sie eine Kompaßmessung ersetzen. Da aber jeder einmal in eine solche Situation kommen kann, sollten wir sie uns merken.

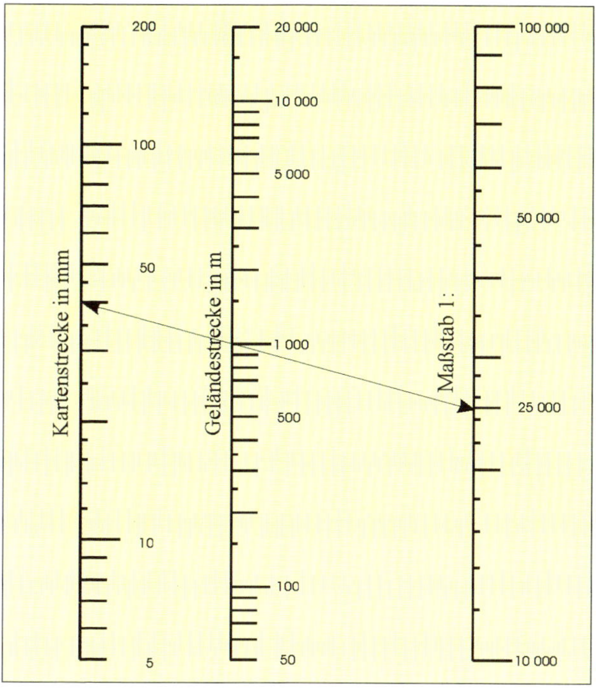

Abbildung 74 Leitertafel zur Berechnung der Geländestrecke aus der Kartenstrecke und Kartenmaßstab und der Kartenstrecke aus dem Kartenmaßstab und Geländestrecke

2.1 Bestimmung der Himmelsrichtung mit Zeigeruhr und Sonne

Regel 17 Richtungsbestimmung mit der Zeigeruhr

1. Drehe die waagerecht gehaltene Uhr, bis der Stundenzeiger zur Sonne zeigt (wenn der Schatten des Zeigers unter dem

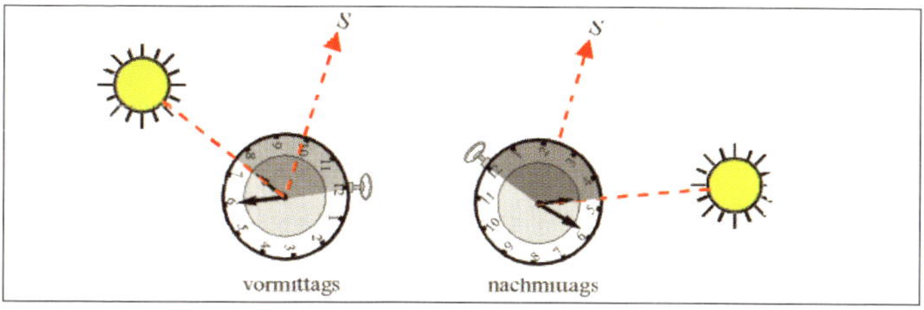

Abbildung 75 Bestimmung der Himmelsrichtung mit der Zeigeruhr und der Sonne (Sommerzeit beachten)

Zeiger verschwindet, zeigt der Stundenzeiger genau in Sonnenrichtung). Die Lage des Minutenzeigers ist ohne Bedeutung.

2. Halbiere den Winkel zwischen dem Stundenzeiger und der 12, und zwar vormittags vom Stundenzeiger aus nach rechts und nachmittags vom Stundenzeiger aus nach links.

3. Die Halbierungslinie (Winkelhalbierende) zeigt nun nach Süden (Abbildung 75).

2.2 Bestimmung der Himmelsrichtung nach dem Polarstern

Regel 18 Richtungsbestimmung nach dem Polarstern
Verlängere die hintere Achse des markanten Sternbildes »Großer Wagen« 5 mal. Sie trifft dann auf den vorderen Deichselstern des Kleinen Wagens (Abbildung 76). Dieser helle Stern ist der Polarstern. Er steht immer im Norden. Zu beachten ist, daß der große Wagen sich in einem Kreis von Osten nach Westen um den Polarstern bewegt.

2.3 Bestimmung der Himmelsrichtung nach dem Schatten
Diese Bestimmung eignet sich nur für eine grobe Schätzung.

Tabelle 14 Schattenrichtung (Sommerzeit beachten)

Uhrzeit	Sonnenstand	Schattenrichtung
6.00	Osten	Westen
9.00	Südosten	Nordwesten
12.00	Süden	Norden
15.00	Südwesten	Nordosten
18.00	Westen	Osten

Abbildung 76
Bestimmung der Himmelsrichtung mit dem Polarstern

2.4 Bestimmen der Himmelsrichtung nach allgemeinen Merkmalen

Auch diese Bestimmungen sind nur mit großer Vorsicht zu interpretieren. Stets sollte die Bestimmung nach mehreren Merkmalen erfolgen. Einzelangaben sind oft ungenau.

- Die Wetterseite liegt im Nordwesten. Man erkennt sie an Verwitterungserscheinungen bei frei stehenden Objekten. So ist die Rinde einzelstehender Bäume auf der Nordwestseite rissiger und häufig bemoost.
- Die Jahresringe von Baumstümpfen sind bei freistehenden Bäumen auf der Nordwestseite am dichtesten.
- Schnee taut zuerst an Südhängen
- Weinanpflanzungen liegen vorwiegend an Südhängen.
- Bei Kirchen befindet sich meist der Chor (Apsis) im Osten und das Schiff im Westen.

Auf der Südseite der Steine von trigonometrischen Punkten sind die Buchstaben T. P. eingemeißelt.

- Ameisennester haben ihren Ausgang nach Süden.
- Jagensteine stehen in Wäldern meist an der Südwestecke eines Jagens.

Anschriften der Landesvermessungsämter

Topographische Karten können durch den Buchhandel oder durch die zuständigen Landesvermessungsämter bezogen werden. Produktverzeichnisse und Preislisten können ebenfalls bei den zuständigen Landesvermessungsämtern angefordert werden.

Landesvermessungsamt Baden-Württemberg
Büchsenstraße 54
70174 Stuttgart

Bayerisches Landesvermessungsamt
Alexandrastraße 4
80538 München

Senatsverwaltung für Bau- und Wohnungswesen Berlin
Mansfelder Straße 16
10713 Berlin

Landesvermessungsamt Brandenburg
Heinrich-Mann-Allee 103
14473 Potsdam

Kataster- und Vermessungsverwaltung Bremen
Wilhelm-Kaisen-Brücken 4
28199 Bremen

Vermessungsamt Hamburg
Wexstraße 7
20355 Hamburg

Hessisches Landesvermessungsamt
Schaperstraße 16
65195 Wiesbaden

Landesvermessungsamt Mecklenburg-Vorpommern
Lübecker Straße 289
19059 Schwerin

Niedersächsisches Landesverwaltungsamt
Warmbüchenkamp 2
30159 Hannover

Landesvermessungsamt Nordrhein-Westfalen
Muffendoffer Straße 19–21
53177 Bonn

Landesvermessungsamt Rheinland-Pfalz
Ferdinand-Sauerbruch-Straße 15
56073 Koblenz

Landesvermessungsamt des Saarlandes
Von der Heydt 22
66115 Saarbrücken

Landesvermessungsamt Sachsen
Olbrichtplatz 3
01099 Dresden

Landesamt für Landesvermessung Sachsen-Anhalt
Barbarastraße 2
06110 Halle/Saale

Landesvermessungsamt Schleswig-Holstein
Mercatorstraße 1
24106 Kiel

Landesvermessungsamt Thüringen
Schmidtstedter Ufer 7
99084 Erfurt

Stichwortverzeichnis
(Seitenzahl)

Die schönsten Radtouren

Allgäu/Bodensee
Altmühltal/ Frankenalb Süd
Augsburg/Umland
Bayerischer Wald
Bergisches Land mit Siegerland
Berlin und Umland
Radfernwandertouren
1 Ostseeküste, Oder-Neiße, Elbe
2 Ostsee – Bodensee – Niederlande
3 Rhein – Ostsee, Mosel, Lahn, Neckar, Main
4 Saale, Werra, Spree, Havel
Donau
Eifel
Fränkische Schweiz/ Frankenalb Nord
Harz/Weser/Leine
Hunsrück/Saarland
Rad-Deutschland-Tour: Von JH zu JH (West)
Kurhessen-Waldeck
Lüneburger Heide mit Wendland
Mark Brandenburg ges.
Mark Brandenburg West
Mecklenburg-Vorpommern
München mit Umland
Münsterland
Niederrhein
Oberrhein – Elsaß I: Heidelberg – Straßburg
Oberrhein – Elsaß II: Straßburg – Basel
Oberschwaben/ Bodensee
Odenwald/Bergstraße
Ostfriesland
Ostseeküste/Rügen
Pfaffenwinkel/östliches Allgäu
Pfalz – Rheinhessen
Rhein
Rhön/Vogelsberg
Romantische Straße
Ruhrgebiet
Sauerland
Schwäbische Alb
Schwäbischer Wald/ Neckarland
Schwarzwald
Spessart/Kinzigtal/ Fränkisches Weinland
Stuttgart mit Umland
Taunus/Wetterau
Thüringer Wald
Tour de Baden-Württemberg
Tour de Ländle I

Bike & Rail

Mit Rad und Bahn von Berlin durch Brandenburg

Ausgewählte Radtouren von Bahnhöfen aus.

Radeln in Europa

Balearen · Belgien · Frankreich Sud
Inn · Loire · Niederlande · Rhône · Schweiz

Wegweiser

Auf Tour … Südliche Weinstraße – Pfalz-Süd/Elsass-Nord
Grenzüberschreitende Wander- und Radtouren sowie Städte-Touren.

Auf Tour in der Natur
Das Buch für die ganze Familie. Tips für die Freizeitgestaltung in der Natur.

Auf Tour in Europa
Alle 11 Europäischen Fernwanderwege in Kurzfassung.

Auf Tour mit Kompass und Karte
Zum Umgang mit Hilfsmitteln wie Kompass und Karte, GPS-Empfängern etc.

Spuren der Römer im Rheinland – Spuren der Römer Main – Rems – Spuren der Römer Rems – Donau
Mit Kompass auf den Spuren der Römer.

Radwandern gut vorbereiten
Alle wichtigen Tips zum Fahrrad und zur Vorbereitung einer Radtour.

Kinder und Jugendliche im Gebirge
Nützliche Tips, Anregungen für den spielerischen Umgang mit der Natur.

DEUTSCHER WANDERVERLAG
Dr. Mair & Schnabel & Co. · Stuttgart

Deutscher Wanderverlag · Stuttgart

Deutsche Wanderjugend

DWJ

gemeinsam unterwegs

Die Deutsche Wanderjugend (DWJ) ist die Jugendorganisation des Verbandes Deutscher Gebirgs- und Wandervereine. Die jugendlichen Mitglieder von sechs bis 25 Jahren pflegen natürlich das Wandern in kind- und jugendgerechten Formen. Die Deutsche Wanderjugend wanderte schon lange aus Freude an der Natur und aus Spaß, bevor das »Volkswandern« erfunden wurde. Die Kinder und Jugendlichen bei der Wanderjugend lernen, wie man richtig wandert, erfahren alles über eine wandergerechte Ausrüstung von den Wanderschuhen bis zum Rucksack und üben den Umgang mit Kompass und Karte.

Wandern ist aber nur ein Teil der Aktivitäten. Die Jugendarbeit der Deutschen Wanderjugend umfaßt ein viel breiteres Angebot. Die Jugendgruppen der Wanderjugend legen die Inhalte und Schwerpunkte ihrer Arbeit selbst fest. Im Rahmen einer sinnvollen aktiven Freizeitgestaltung werden in der Gruppenarbeit oft musisch-kulturelle Aktivitäten bevorzugt: Basteln, Werken, Pantomime, Laienspiel, kreatives Gestalten, Singen und Instrumentalspiel, Volkstanz. Die vielfältige Bildungs- und Jugendarbeit der Deutschen Wanderjugend erstreckt sich auf Freizeiten, Fahrten, Zeltlager, Lehrgänge zur politischen Bildung, internationale Jugendbegegnungen. Eine wichtige Aufgabe stellt der aktive Natur- und Umweltschutz für die Wanderjugend dar. Dabei steht v. a. die Erziehung und Bildung der Kinder und Jugendlichen zum umweltbewußten Menschen im Vordergrund.

Wer mehr über uns, die DWJ, wissen will, schreibt an die

DWJ-Bundesgeschäftsstelle,
Wilhelmshöher Allee 157–159, D- 34121 Kassel